CCNA

Estrategias Simples y Efectivas para Dominar la Certificación CCNA (Cisco Certified Network Associate) Routing Y Switching Desde la A-Z

WALKER SCHMIDT

<u>Descargo de Responsabilidad:</u>

Debes tener en cuenta que la información contenida en este documento es solamente para fines educativos y de capacitación. Se han realizado todos los esfuerzos para presentar información precisa, actualizada, confiable y completa. Ninguna garantía de ningún tipo está declarada o implícita. Los lectores reconocen que el autor no participa en la prestación de asesoramiento legal, financiero, médico o profesional. El contenido de este libro ha sido derivado de varias fuentes. Consulta a un profesional autorizado antes de intentar cualquier técnica descrita en este libro.

Al leer este documento, el lector acepta que, bajo ninguna circunstancia el autor es responsable de cualquier pérdida, directa o indirecta, en que se incurra como resultado del uso de la información contenida en este documento, incluyendo, pero sin limitarse a, errores, omisiones, o inexactitudes.

Índice

Introducción

El examen CCNA es de gran importancia en el campo de las redes, realizado por el gigante de las redes Cisco. Se trata de una certificación de nivel asociado y debes aprobar el examen para tener la certificación CCNA. Pone a prueba las habilidades y conocimientos fundamentales para la instalación, el funcionamiento y la solución de problemas de las ramas de las redes de la empresa y es válido por 3 años.

Para poder dominar la certificación CCNA es necesario que conozcas bien los fundamentos de la seguridad, los servicios IP, la conectividad IP, el acceso a la red, la programación y la automatización. En el mundo moderno actual, en el que Internet lo es todo, las organizaciones están cambiando hacia modelos basados en la nube. Por lo tanto, requieren redes de alto nivel y las necesidades de los ingenieros de redes están aumentando diariamente. Un ingeniero de redes con certificación CCNA es muy solicitado en el sector de IT (Tecnología Informática).

Obtener una certificación Cisco es un logro extraordinario en la vida. Después de mucho esfuerzo y dedicación podrás recibir esta credencial que es reconocida a nivel mundial. La certificación CCNA puede, innegablemente, mejorar tu futuro. Construye un camino hacia tu carrera profesional. Puedes usar esta certificación para conseguir un notable ascenso en tu carrera actual o para introducirte en el sector y conseguir un empleo de alto nivel. Sin embargo, el salario puede variar en función de las compañías y tus habilidades.

Al dominar la certificación CCNA, no solamente obtendrás la Fortaleza de las tecnologías de red, sino que también aprenderás las últimas habilidades usadas en los modelos de nube de nueva generación. Necesitas prepararte para dominar la certificación CCNA con antelación usando las estrategias sencillas y eficaces que son mencionadas en este libro.

Capítulo 1

Certificación Cisco CCNA
para Profesionales de Redes

El Origen de la Certificación CISCO

Después de conseguir un gran éxito en el mundo de las redes informáticas, John Chambers (Ex Vicepresidente de CISCO), el 27 de septiembre de 1993, anunció la certificación CCIE (Cisco Certified Internetwork Expert) y se convirtió en la principal certificación IT en el mundo, que iba a impulsar la carrera de los profesionales, tal como ellos la habían soñado.

Pero, si prefieres la certificación CISCO, debes conocer sobre su origen. Las raíces del origen de la certificación CCIE se remontan a la experiencia de Stuart Biggs. Él también tuvo el honor de ser el primer CCIE (Cisco Certified Internetwork Expert).

Después de haber estudiado en la Universidad de Stanford, el Sr. Biggs se incorporó a CISCO y trabajó como gerente de los departamentos de software, voz y video. Sin embargo, a lo largo de su trayectoria, descubrió que el sector carecía de conocimientos prácticos; estaba dando muchos problemas en toda la industria.

Al Sr. Biggs se le solicitó que impartiera formación a las personas de la mejor forma posible, para que entendieran mejor el producto. Esto dio al Sr. Biggs una idea para solventar los problemas. Biggs decidió proporcionar experiencia práctica, ejercicios prácticos y capacitación orientada al detalle a los individuos para que conocieran el producto de la mejor forma.

Para esto, también incluyó un examen escrito para desarrollar una metodología mejorada entre los aprendices y obtener la capacitación para presentar el examen de laboratorio CCIE.

Pasó noches pensando en estas ideas y con el tiempo, el Sr. Biggs creó un exitoso plan de estudios que luego fue reconocido como la certificación CCIE. De igual forma, el Sr. Terry Slattery se convirtió en el primer empleado no perteneciente a Cisco que obtuvo la certificación CCIE.

Las certificaciones Cisco han evolucionado con el pasar del tiempo y mientras tanto en 1998 surgió la certificación CCNA (Cisco Certified Network Associate).

Razones que Demuestran que la Certificación CISCO es Importante

Quieres destacar entre la multitud y, por lo tanto, estás buscando la mejor forma de cubrir la distancia hacia una carrera exitosa. La capacitación de la Certificación Cisco está hecha para ti. Sin duda alguna puede ayudarte a alcanzar tus objetivos.

Sin embargo, algunas preguntas pueden surgir en tu mente si aún no has pensado en la certificación Cisco.

Tales como-

1. ¿Qué es la certificación Cisco?

2. ¿Por qué la necesitas?

Comprende la Certificación Cisco

Cisco te permite construir una carrera exitosa en la industria IT. Sin embargo, aparte de esto, hay un gran número de razones que impulsan a las personas de los distintos sectores a obtener la Certificación Cisco, ganar más dinero y establecer un entorno de trabajo flexible en todo el mundo.

Si estás en el mundo de la tecnología informática, entonces debes saber que Cisco Systems ofrece una gran variedad de certificaciones.

Y para obtener una certificación, necesitas aprobar un examen práctico después de una rigurosa capacitación de Certificación Cisco.

Por ejemplo- los siguientes programas son dirigidos por CISCO-

1. Entry-CCENT

2. Associate- CCDA/CCNA

3. Professional- CCDP/CCNP

4. Expert: CCDE/CCIE

5. Architect: CCAR

Si solamente quieres comenzar, puedes optar por la capacitación nivel Entry- CCENT. Desde el nivel Entry, puedes ampliar tu capacitación hasta el nivel Associate. De esta manera, estarás adquiriendo la capacitación adecuada que te ayudará a avanzar en tu carrera.

En la capacitación CCENT, los asociados aprenden los principios básicos sobre redes y enrutamiento o routing. Después de obtener un conocimiento profundo, aprenderás otras habilidades esenciales como la instalación, gestión, mantenimiento y la solución de problemas de redes.

A través de CCENT, obtendrás un conocimiento profundo de la seguridad de red que impresionará a tus empleados. Será uno de los activos más valiosos de tu vida, si quieres establecer una carrera en el sector de Ciberseguridad.

Después de obtener la certificación CCENT, puedes pensar en seguir aprendiendo programas más avanzados, como la capacitación CCNA/CCDA. En este siguiente programa de formación de alto nivel, aprenderás todo lo relacionado con el routing y switching, el diseño de proveedores de servicios, las operaciones de seguridad, la tecnología de centros de datos, la tecnologías inalámbricas, entre otros.

Igualmente, puedes optar por aprender y crecer en cualquiera de los campos mencionados, ya que desarrollarás el profesionalismo en tu área de interés. Tus empleadores también te verán como una persona más certificada.

Obtén la Certificación del Líder en Redes

Cisco cuenta con tecnologías de routing y switching de última generación. Junto con esto, también tienen el mercado más alto de la industria. Actualmente, una parte importante del tráfico de Internet viaja por rutas de red diseñadas con elementos de Infraestructura Cisco. Si estás calificado y cuentas con la experiencia, la comerciabilidad de tus habilidades se dispara automáticamente. Por lo tanto, si estás anticipando el éxito de tu carrera, solamente la capacitación Cisco puede proporcionarte una ventaja en el mercado, debido a que recibirás una capacitación certificada por profesionales de la industria.

Agrega Valor a Tu Currículo

Si has mencionado algunas certificaciones CISCO en tu currículo, las compañías te preseleccionarán y en la mayoría de las veces, te contratarán sin pensarlo mucho.

Las compañías buscan profesionales con experiencia, especialmente en los campos de IT, Gestión de Datos y Ciberseguridad. Que les proporcionen la garantía de que están seguros de cualquier daño potencial.

Tu certificación Cisco dará rienda suelta a tu experiencia haciendo que las empresas confíen en ti. A su vez, esta certificación no solamente te proporciona la garantía de trabajo, pero tu certificación Cisco siempre te mantiene un paso por delante para más objetivos de la carrera.

Al momento de la entrevista, tienes que demostrar al empleador que estás bien calificado, eres competente y estás preparado para gestionar un sistema de red. Tendrás que hacer que crean en ti y que eres confiable y puedes proteger mejor sus datos.

Por lo tanto, siempre que la organización te consulte algo, estarás preparado para responder sus inquietudes. Y esto será posible gracias a la experiencia que has adquirido con la capacitación de Cisco a lo largo del tiempo y su certificación demostrará tus capacidades.

Trabaja en Cualquier Parte del Mundo

La industria de IT es enorme tiene el potencial de llevarte por todo el mundo sin importar el estado o país. La tecnología está extendida y la necesidad de Ciberseguridad, routing, switching, ingeniería y gestión de datos se materializa en cada sector.

Después de todo, con la evolución de los tiempos modernos, las industrias, por un lado, están ampliando sus negocios, mientras que, por otro lado, los hackeos y las competencias se han convertido en una fuente importante de problemas.

Por lo tanto, dado que construyes una imagen sólida en la industria con la certificación Cisco, la probabilidad de que compañías de todo el mundo se acerquen a ti aumenta automáticamente, porque tu experiencia en Cisco se verá enriquecida con la habilidad y la experiencia que las compañías buscan más.

Simultáneamente, te introducirás en una plataforma internacional. Las Certificaciones Cisco son aceptadas en todo el mundo. De hecho, la Certificación Cisco en mano, implica que estás bien preparado para manejar el trabajo de tus respectivas organizaciones e integrarte con sus sistemas.

Sin duda, siempre estarás preparado con las habilidades y la experiencia necesarias para saltar a la carrera cuando surja la oportunidad. El éxito llama a tu puerta y en cualquier momento, puedes conseguir un trabajo en otro país.

Sólida Influencia Técnica

No importa si se trata de CCENT, CCNP, CCNA, o CCIE, a cada paso se le presenta tecnologías de vanguardia a través del programa de Certificación Cisco. También desarrolla las habilidades que puedes utilizar en la creación de redes en la carrera que quieres trabajar, sin importar el rol que estés desempeñando en la organización. Reforzará tu influencia técnica.

Cambiar Carrera

La mayoría de las veces, suponiendo que la industria de IT es emergente y promete un gran alcance profesional, la gente está decidida a lanzarse a ella. Sin embargo, si también vienen de un sector completamente distinto y te esfuerzas por establecer unos pies fuertes en este sector siempre verde, entonces el Cisco Training te lo hará más fácil.

Es el enfoque más inteligente y exitoso que te asegura construir fácilmente una carrera en el sector de IT sin barreras. Cualquiera puede seguir esta formación más avanzada y altamente solicitada que, en última instancia, trae la transformación en tu vida, ya que has aterrizado en la carrera que siempre has querido.

La Cisco training o formación Cisco te muestra un 'mundo lleno de oportunidades'. Por otra parte, la formación Cisco, aumenta tu confianza, esencial en este mercado global en constante cambio.

Desarrollas tu mente, lo que te hace sobrevivir fácilmente en el entorno más competitivo y los altos paquetes salariales son como la 'cereza en el pastel' que te proporciona la Certificación Cisco.

Certificación para la Evolución de la Red

La infraestructura de red está experimentando un cambio dramático, ya que las empresas están experimentando una transformación inesperada. Muchas empresas siguen utilizando redes tradicionales que funcionan con mecanismos manuales. Esto dificulta el crecimiento de una empresa.

Pero con la llegada de la certificación Cisco, ahora la infraestructura de red programable puede depender mejor de la virtualización, la optimización, la gestión de la nube, la automatización, la transparencia y la extensibilidad.

En la era digital actual, la mayoría de las empresas dan la bienvenida a los titulares de la certificación Cisco porque tienen experiencia en ello. Por eso, independientemente de tu función laboral o de la maximización de tus resultados en la materia, debes centrarte en algo de lo que dependerá más el futuro.

Solución Efectiva para Sobrevivir en un Campo Competitivo

Después de la formación Cisco, obtendrás una alta remuneración en los sectores de IT con excelentes perspectivas de empleo donde encontrarás un trabajo satisfactorio. Ya estarás equipado con tus conocimientos, por lo que estarás bien preparado para afrontar cualquier desafío comercial.

Te proporciona una ventaja competitiva en el sector. Muestras mejor tu imagen en comparación con otros en la fila. Sigues alcanzando nuevas metas y logras tus objetivos profesionales.

La certificación será una herramienta esencial que a cada paso te llevará al camino del éxito. En las áreas en las que otros sufren más, te deslizarás sin problemas gracias a tu experiencia en Cisco.

Mantente al Día con los Últimos Cambios Tecnológicos

La tecnología continúa evolucionando y cambiando. Por ello, los profesionales de IT siempre se esfuerzan por mantenerse al día con esto que más impacta. Cisco vigila continuamente la evolución del entorno de IT en busca de innovaciones técnicas. Los expertos de Cisco son los primeros en enterarse de las novedades que llegan, de lo que es más rentable para el sector y de cómo ejecutarlas a la perfección. Esa es la razón clave; si sigues la formación Cisco, conocerás la tecnología avanzada. Sin duda alguna, te convertirás en uno de los miembros favoritos del equipo en la compañía.

Recuerda Siempre: Hay Valor en la Recertificación

Como experto en IT, cuando se trata de la recertificación de tu estado, también puedes estar seguro de que el patrón de certificación Cisco seguirá un elemento fuerte que define tu identidad. Es uno de los métodos más demandados y reconocidos por la industria para potenciar tu experiencia. Por ello, Cisco revisa activamente sus certificaciones para asegurarse de que mantienen un registro de las especificaciones de los alumnos y de vez en cuando, te proporcionan las últimas actualizaciones y soluciones avanzadas.

Estimular las Habilidades

La industria de IT funciona con habilidades, experiencia y conocimientos. Cada día salen a la luz innumerables oportunidades en este sector siempre verde. Por lo tanto, la única manera de formar parte de esta industria de IT es seguir la formación de certificación Cisco y continuar aprendiendo las habilidades más avanzadas que las empresas que trabajan en tecnología de información buscan en sus empleados.

Dado que la formación Cisco se centra más en potenciar el poder de las habilidades de los aspirantes que cumplen con las industrias de IT, por lo que puedes esperar la máxima satisfacción laboral. Y tú puedes lograr mejor este objetivo a través de la certificación CCNA.

¿Necesitas la Certificación CCNA?

Es genial si ganas la primera posición en tu graduación. Pero, aunque tengas notas por encima del 90%, es posible que sufras para conseguir un trabajo en el sector de IT. Debes tener algo de experiencia práctica, ya que te anima a venir con toda la energía y demostrar a tus empleadores que tienes unas habilidades informáticas excepcionales.

- Pero ten presente que los empleadores nunca toman una decisión basándose en cierta información. Además de las puntuaciones, si no hay experiencia práctica, lo más probable es que nadie esté interesado en contratarte. En cambio, un simple vistazo a la certificación CCNA (Cisco Certified Network Associate) que llevas contigo o que mencionas en tu currículo, seguro les llamará la atención al 100%.

- En el otro caso, si eres uno de los dos candidatos preseleccionados y has visitado recientemente una empresa de IT bien establecida, el campo que has elegido para tu carrera puede ser un reto. Del mismo modo, la empresa también buscará más de su empleado, mientras que otro candidato tiene todas las cualificaciones y habilidades y el mismo nivel de experiencia que tú. En este caso, la certificación CCNA puede hacer que destaques entre la multitud y que los empleadores te elijan. Este es el poder de la certificación Cisco. Definitivamente, no hay nada negativo en tener la formación Cisco.

La **Certificación CCNA** es cada vez más popular porque es un programa de formación específico de la industria de IT. En él, los candidatos aprenden habilidades fundamentales que satisfacen el sofisticado entorno de redes de la era moderna. El rápido desarrollo de las tecnologías ha obligado a las industrias a centrarse más en las habilidades fundamentales de las redes; de lo contrario, perdurarán en este sector en constante evolución. Las compañías encuentran todas estas habilidades en sus empleados que poseen la certificación CCNA. Por eso debes tener la formación CCNA si tienes el sueño de conseguir un puesto reconocido en el campo de IT.

Pero si ya te estás preparando para la certificación Cisco y sobre todo, para la CCNA, entonces tenemos algunos puntos importantes que compartir contigo. Recientemente, se han realizado algunos cambios en la certificación CCNA.

¿Cuáles son estos cambios? ¿El cambio crea problemas para ti? Todas estas cosas se discutirán en el próximo capítulo.

Capítulo 2

Cambios en la Certificación CCNA Que Debes Conocer

¿Por Qué se Producen los Cambios en el CCNA?

El examen CCNA (Cisco Certified Network Association) permite a los alumnos acceder a una amplia gama de especializaciones técnicas. La certificación CCNA es lo suficientemente valiosa como para que estas certificaciones se ofrezcan a gran escala en cada rincón del mundo. Las organizaciones apoyan estas certificaciones porque mejoran la competencia técnica del empleado. Pero recientemente se han realizado cambios en la certificación CCNA.

De acuerdo con las recientes actualizaciones, los profesionales tendrán ahora acceso a algunos de los últimos recursos tecnológicos que llevarán su carrera al siguiente nivel.

La compañía también cree que, a través de la nueva cartera y la formación para la certificación, los profesionales cubrirán amplias competencias críticas. Esto les permitirá brillar en la amplia área de IT.

Cisco también ha añadido algunas características únicas en los programas de formación de CCNA y CCNP identificados como certificación de 'Especialista'.

Estos cambios están más bien pensados para las funciones de trabajo en tecnologías de la información operativa a nivel de asociado (associate-level).

Cisco identifica este cambio como una "revolución", ya que el rol de los desarrolladores de software y los profesionales de la red se revolucionará de forma que se amplíen las empresas impulsando la tecnología y la innovación.

A grandes rasgos – el programa de desarrolladores de Cisco (DevNet) unirá ahora a los profesionales de redes certificados y a los desarrolladores en una comunidad con la previsión de que impulsará las capacidades de automatización.

Certificación CCNA con Cambios

Se han realizado más actualizaciones en el contexto de los exámenes, ya que ahora los candidatos sólo tendrán que realizar un examen. Hasta ahora, para obtener la certificación CCNA, los candidatos realizaban muchos exámenes.

En el nuevo examen, todas estas certificaciones han sido reemplazadas-

- CCNA Wireless

- CCNA Routing and Switching

- CCNA Service Provider

- CCNA Data Center

- CCNA Security

- CCNA Industrial

- CCNA Collaboration

- CCNA Cloud

Cambios en CCDP y CCNP

Las anteriores opciones CCDP y CCNP a nivel profesional no van a desaparecer y serán revisadas de nuevo. CCNP Wireless, CCNP Routing y Switching e incluso CCDP, se introducirán en la Certificación Empresarial CCNP y los exámenes de CCNP Cloud y de CCNP Data Center se consolidarán entre sí.

¿Será Difícil Obtener la Certificación CCNA?

No es fácil saberlo, pero una cosa está clara, los índices de aprobados explicarán el resto de la historia. Se da por hecho que el CCNA será un poco más difícil que el anterior.

En el nuevo CCNA, se requiere una base de conocimientos masiva y sólida. En el anterior CCNA, sin embargo, era fácil de conseguir en el CCNA routing and switching, pero ahora, ha pasado a ser muy difícil.

Sin embargo, como se ha dicho anteriormente, ahora Cisco ha introducido las certificaciones de "Especialista", que ya no permiten un área de enfoque. Por otra parte, en el nuevo CCNA, tendrás que poner un esfuerzo adicional en el aprendizaje de más fundamentos de redes.

En el antiguo CCNA, puede que te hayas dado cuenta de la falta de fundamentos en la mayoría de los pasos; ahora todos esos problemas han sido sustituidos por puntos más fundamentales en el nuevo CCNA.

Pero esto dará lugar a un examen más difícil; más difícil que el anterior.

Además, la razón es también 'obvia', porque el nuevo CCNA abarca en su mayoría los últimos fundamentos de redes. Junto a todos estos cambios, la automatización y la programabilidad pueden ser un reto seguro. Al mismo tiempo, una amalgama de Automatización y DevOps y Networking se fusionan en un nuevo concepto.

Por otro lado, si el nivel de dificultad es alto, entonces hay otro lado que define el beneficio que un alumno obtendrá a través de la nueva certificación CCNA.

Cómo Te Benefician los Cambios en CCNA

Después de mucho tiempo, Cisco inició un gran paso y dio forma a la certificación CCNA con nuevos cambios a gran escala. Sin embargo, debido a este cambio, ahora las exigencias de los profesionales de IT han cambiado. Si tú también estás trabajando en el nivel associate, ahora es más fácil para ti.

Luego del cambio en el nuevo CCNA, ya no es necesario centrarse en ningún área individual. Siempre que un empleador tenía que contratar a expertos en CCNA, estaba acostumbrado a anticipar de ellos algunos conocimientos básicos de las aplicaciones de Cisco.

Pero el nuevo CCNA, al tener en cuenta todos los problemas de la industria, se han añadido algunos conocimientos exclusivos que también ampliarán tu carrera.

Después de estar completamente preparado, siempre que pienses en dar el siguiente paso, serás capaz de encajar mejor en la organización respectiva. Satisfarás sus necesidades organizativas ya que la nueva formación CCNA te ayudará a construir un entorno más flexible y a dar forma a tu carrera.

Todos estos cambios garantizarán también tu evolución. Así que en última instancia, ambas situaciones han aparecido aquí.

Por un lado, el nuevo CCNA se está volviendo difícil. Sin embargo, por otro lado, asegura el progreso profesional porque te proporciona información valiosa para la industria de IT. Aunque, si estás trabajando con dedicación y siguiendo la hoja de ruta correcta para una mejor preparación del examen, entonces las cosas no parecerán demasiado difíciles.

¿Qué Puede Ayudarte a Preparar Mejor para el Nuevo Examen CCNA?

¡Sigue estudiando! ¡Estudiando! ¡Y Estudiando! Es la única solución para librarte de todos los problemas que vienen con el nuevo examen CCNA. Por supuesto, es una buena idea seguir adelante si ya estabas estudiando para la certificación existente.

Pero el trabajo sistemático siempre te proporcionará resultado, en lugar de enredarte con las cosas, puedes seguir estos pasos para una mejor preparación para el examen.

En primer lugar, debes tener un objetivo claro y un programa de aprendizaje y decir "No" a los compromisos sociales unas cuantas veces.

Comencemos por el primer paso-

Obtén Experiencia Práctica

La experiencia teórica se vuelve más atractiva con la experiencia práctica porque los estudios han demostrado que una persona aprende más rápido, mejor y recuerda las cosas durante mucho tiempo a través de la experiencia práctica. Dado que en el nuevo examen CCNA tendrás que captar más información y construir una gran base de conocimientos, será el paso más valioso que debes seguir.

A través de las experiencias prácticas, podrás comprender mejor los problemas de las redes y la solución de problemas en el mundo real.

Sin embargo, la experiencia práctica no solo es útil para proporcionarte una gran puntuación, sino que también garantiza tu progresión en el mundo real. Las compañías buscan profesionales enriquecidos con experiencia práctica. Por eso siempre es recomendable.

Pero asegúrate de que comprendes la lógica que hay detrás y para ello, tus conocimientos teóricos te potenciarán. Puedes mantener una amalgama perfecta de conocimientos prácticos y teóricos y nadie podrá impedirte alcanzar el éxito.

Ten Preparado el Material de Estudio Adecuado

Reunir los materiales adecuados para una experiencia de estudio mejorada y flexible siempre se ha considerado el paso correcto a tomar durante la preparación del examen. Por ello, al elegir el mejor material de estudio, piensa siempre en adquirir nuevas ediciones.

En ellas, encontrarás toda la información exclusiva que te garantizará la facilidad. No te olvides de los ejercicios de laboratorio y de las preguntas de práctica. Al fin y al cabo, quieres comprobar lo bien que te has preparado para el examen.

Para que no te pierdas ni una sola pregunta, estos son los materiales de estudio elementales que debes tener en tu escritorio.

Sin esto, es probable que te pierdas los puntos informativos importantes porque la mayoría de las veces creemos que nos lo hemos aprendido bien. Sin embargo, en el momento del examen, las cosas se vuelven opuestas a tus expectativas. Prepárate siempre con el material de estudio adecuado; te mantendrá concentrado en tu objetivo.

Programar el Examen de Práctica

La programación de la prueba práctica agiliza el proceso de aprendizaje y la solución de tus diversas carencias. Para ello, fija una fecha límite para la prueba. Después, calcula el tiempo que has tardado en aprender los conceptos y lo bien que has aprendido durante estos intervalos.

Luego de seguir el proceso, descubrirás tus áreas de aprendizaje débiles y aquí puedes pensar en improvisar sobre los temas respectivos.

Aunque también puedes preparar una lista de los puntos difíciles que te están costando aprender y posteriormente buscar sobre ello en internet, libros o tomar referencias de amigos y experiencias. De este modo, agilizarás las soluciones e iniciarás una mejor preparación.

Hora del Examen: Refresca tus Conocimientos

Antes de la hora del examen, lee libros que te proporcionen más información valiosa. Te refrescarán la memoria y te devolverán puntos olvidados en tu mente o te darán más datos útiles que quizás hayas pasado por alto o te hayas saltado en aprender.

Sin embargo, para obtener un rendimiento mucho mejor, dedica más tiempo a la resolución de preguntas, en lugar de aprendértelas. Para este proceso, debes empezar a hacerlo una semana antes y durante este proceso, no te olvides de buscar preguntas en internet.

Una vez más, ten en cuenta que la certificación CCNA será difícil. Por lo tanto, prueba el examen modelo en línea y busca en los foros de internet.

Relájate y Deja Todo lo Demás

Ahora, en los últimos días, relaja tu mente y deja de lado todo el material de estudio. No pierdas la concentración y el poder de enfoque desviando tu mente hacia otras cosas. De hecho, sólo cierra los ojos, concéntrate en tu respiración y libérate del estrés.

Nunca comprometas tu sueño; vete a la cama temprano por la noche y levántate temprano por la mañana, alrededor de las 5 am. Por la mañana, podrás concentrarte mejor en tu trabajo.

La preparación del examen puede ser estresante y a menudo, puedes involucrarte demasiado en la preparación en el momento del examen y tu capacidad para resolver problemas empieza a flaquear. Así que no te quemes las pestañas para el examen. Relájate. Descansa. Y ve al examen confiando en tus habilidades.

Capítulo 3

¿Es Difícil el CCNA R&S?
¿Qué Estrategias Funcionan?

CCNA Routing and Switching (conocido como R&S) no es como todos esos exámenes ordinarios de nivel inicial o entry-level. Después de todo, la demanda de exámenes CCNA puede observarse fácilmente en todo el mundo; por lo tanto, también es obvio que el examen CCNA R&S no es difícil debido a los complicados conceptos de aprendizaje. De hecho, es la competencia lo hace que sea difícil superar este examen de nivel inicial.

Independientemente de que pertenezcan al sector de IT o a la plataforma de redes, las personas desean realizar los exámenes CCNA R&S porque quieren obtener una credencial oficial. Aumenta su comerciabilidad y destaca mejor su experiencia.

Pero, si le dedicas tiempo a los estudios y te centras en lo que se requiere, no resulta especialmente difícil de aprobar.

Sin embargo, la mayoría de las dificultades provienen de factores adicionales. Se trata sobre todo de los factores externos, como el estrés de la competencia, el aprendizaje de nuevas tareas laborales, el hecho de dedicar tiempo a cosas inútiles y no programar el tiempo de preparación de los exámenes, etc.

Aunque estas razones puedan parecer habituales, ya que no tienen nada que ver con el examen CCNA, estas razones pueden afectar significativamente a tu calificación y habilidades.

Vamos a explicar algunas de las estrategias que te ayudarán si trabajas adecuadamente.

En Primer Lugar, Necesitas Aprender ¿'Cómo Aprender'?

¡Vamos! Una opción mágica no te va a llevar al camino del éxito. Tendrás que descubrirlo por ti mismo. Al mismo tiempo es obvio que digerir demasiado material técnico complicado de un gran libro de texto es algo imposible de hacer.

Puedes pasar la noche estudiando el protocolo de enrutamiento OSPF, pero al día siguiente, cuando te despiertas, toda la información que has aprendido unas horas antes de dormir, ha desaparecido de tu mente. Y esto es suficiente para empeorar tu día y puedes empezar a perder tu confianza.

Sin embargo, la mayoría de los estudiantes tienen la opinión de que las estrategias funcionan bien en los días de universidad, pero cuando se trata de un examen de nivel inicial difícil como CCNA R&S, sólo el trabajo duro vale la pena.

Pero no es toda la verdad; el trabajo duro puede asegurarte resultados prometedores, pero no te estreses demasiado o no vas a obtener un resultado a tu favor. Por lo tanto, debes emplear la estrategia correcta de preparación para el examen.

Como Prepararse para el Cisco CCNP R&S

Actualmente, para obtener la certificación CCNP R&S, es necesario presentarse a tres exámenes principales: ROUTE, SWITCH y por último, TSHOOT. Una vez que hayas superado estos exámenes, obtendrás la certificación CCNP R&S. Sin embargo, hay un largo camino que recorrer, ya que hay muchas cosas que aprender y recordar para aprobar cada examen.

Aquí hemos compartido algunas estrategias valiosas que te ayudarán a obtener los resultados que deseas. A continuación, aprenderás la mejor manera de aprobar el examen CCNP R&S.

Como Construir una Sólida Base de Conocimientos

Quieres aumentar el valor de tu currículo con una línea destacada, 'Certificado CCNA R&S' y para ello, estás en camino de sumergirte en la rigurosa preparación de los exámenes CCNA. Pero antes de iniciar cualquier paso y comenzar con los materiales de CCNP, presta atención al segmento más importante, 'reforzar la base de conocimientos'.

Aunque hay que tener en cuenta que la mayoría de las preguntas que se ven en los exámenes CCNA no son difíciles. Sin embargo, puede que te presenten las preguntas de una manera confusa y solamente pueden ser resueltas si tienes un amplio conocimiento de este tema en particular.

Por ejemplo, en CCNA, tú puedes tener que cubrir un montón de información básica y si estás dispuesto para la certificación CCNA, tendrás que estar 100% cómodo con cada punto. Sea lo que sea que hayas aprendido en tu CCNA R&S, debes tener una gran comprensión detrás de ello.

Si sin saberlo, te has saltado los puntos principales, vuelve a leer el material CCNA y probablemente descubrirás más información. Hasta que no tengas una compresión clara de cada tema y de cómo se interrelacionan, no te los saltes. Presta atención a cada detalle a la hora de reforzar tus conocimientos.

Una vez que estés seguro de que conoces bien cada concepto, puedes pensar en avanzar. Más adelante, el CCNA te parecerá un viaje lleno de baches. Mientras presentas una respuesta, si olvidas o no sabes cómo funcionan OSPF y EIGRP, tus conocimientos básicos en CCNA te darán la solución.

Pero aun así, si no estás recibiendo soluciones instantáneas en tu mente o te has enfrentado a algunos problemas al responder las preguntas. Entonces, por supuesto, debes revisar tus libros y revisar las cosas de nuevo y asegurarte de que no hay lagunas de conocimiento que puedan crear problemas la próxima vez.

No hay nada mejor que considerar el fortalecimiento de tus conocimientos en los procesos elementales.

Por otra parte, por obtener la credencial, puedes optar por un examen o dos. Por ejemplo, Cisco te ofrece las opciones de realizar dos exámenes (100-105 ICND1 y 200-105 ICND2) o el único examen compuesto (200-125).

Cisco 200-125: Puntos Principales

Una vez que apruebes el examen Cisco 200-125, obtendrás el certificado CCNA Routing and Switching. La razón por la que Cisco ofrece este examen es porque la empresa quiere que los candidatos se familiaricen con los nuevos conocimientos para que sus habilidades de red sean mejores y más seguras.

Sin embargo, a través de las otras opciones de examen (100-105 ICND1 y 200-105 ICND2), se pueden conseguir credenciales ya que son muy similares. Pero el Cisco 200-125 cuesta un poco más y dura más.

Exámenes ICND1 e ICND2

Adicionalmente, si no quieres hacer el examen 200-125, no te preocupes, eres libre de elegir otros exámenes opcionales (100-105 ICND1 y 200-105 ICND2), cada uno de los cuales tiene un límite de tiempo de 90 minutos y en medio de esto, se te hará un número diferente de preguntas. El ICND1 tendrá entre 45-55 puntos. Por otro lado, la segunda parte (ICND2) tendrá 55-65 puntos. Echa un vistazo aquí para una comprensión más profunda.

Examen 100-105 ICND1 – *Para aprobar este examen, aquí, debes tener una excelente comprensión de las técnicas de mantenimiento de la infraestructura, los servicios de infraestructura crítica y algunas tecnologías de routing fundamental. Para el aspirante que se esfuerza, todas estas técnicas desempeñarán un rol crucial. Además de este* *examen, tras superar la prueba 200-105, también podrás obtener la certificación CCENT. Sí, ¡todo a la vez!*

Examen 200-105 ICND2 – *Para obtener la calificación de aprobado en este examen, el candidato debe conocer las técnicas de routing, las tecnologías de LAN y WAN y otras tecnologías de red fundamentales.*

Del mismo modo, si se trata de un examen individual, se puede realizar el Cisco 200-125 en dos idiomas, inglés y japonés y en el examen habrá que intentar responder entre 60 y 70 preguntas en 2 horas; el número de preguntas puede variar en función del nivel de dificultad. El examen pretende evaluar tus habilidades en la administración, configuración e implementación en la red.

Puede haber algunas preguntas de opción múltiple en el examen escrito y en la prueba práctica, se te presentarán simulaciones y pruebas sencillas de routers.

Los principales temas del examen incluyen -

1. Acceso a la Red

2. Fundamentos de Redes

3. Fundamentos de Seguridad

4. Conectividad IP

5. Servicios IP

6. Automatización y Programabilidad

Repasar el Objetivo del Examen

Es el principal y uno de los puntos esenciales que debe tener en cuenta todo aspirante que se esté preparando para el examen CCNA R&S. Comprender los objetivos del examen te proporciona una gran orientación de las pruebas. Por ejemplo, obtendrás pistas importantes que te ayudarán a crear una estrategia de aprendizaje.

Aprenderás en qué momento debes considerar un mayor análisis en la preparación y también descubrirás si el objetivo cumple con tus requisitos y puedes asegurarte la comprensión del tema respectivo o no. Los objetivos te proporcionarán una comprensión clara relacionada con cada tema que cubrirás en los exámenes.

Obtén Ayuda de los Cursos de Video para Identificar las Áreas Problemáticas

En el siguiente paso, tomarás la ayuda de los cursos de video, ya que esta es otra gran técnica que cada solicitante que se prepara para el examen CCNA R&S utiliza. Igualmente, no debes demorar en poner en práctica esta técnica y para ello, debes tener preparada una lista de aspectos que te resulten un poco difíciles de entender.

En consecuencia, busca los cursos de video de los temas respectivos, encontrarás la mejor plataforma para la preparación en profundidad del examen CCNA R&S. Muchas plataformas te ofrecen una formación de calidad, como Exam Labs, donde podrás maximizar conocimientos y potenciar tu competencia para mejorar desde las áreas problemáticas.

Practica con Cisco

Tus experiencias prácticas y lo más importante, las cosas que pones en práctica permanecen durante mucho tiempo en tu mente y se convierten en parte de tu experiencia. Es algo que te promete una mejor preparación para los exámenes en lugar de basarte en los conocimientos teóricos.

Del mismo modo, si justo después de aprender pones en práctica los conceptos en la vida real, estarás construyendo una sólida base de conocimientos e información en las tecnologías de redes de Cisco. Te proporcionará un beneficio intelectual que maximizará el nivel de facilidad para superar el examen CCNA R&S.

Participa en Discusiones de Grupo

Es bueno que, en lugar de aprender individualmente, participes en una discusión de grupo porque es una de las formas más productivas de crecer juntos. Las discusiones en grupo te ayudan a crear y poner en práctica ideas y habilidades exclusivas para aumentar tu capacidad de solución de problemas en los retos de red.

Te sentirás más seguro de tu preparación y en las discusiones de grupo con tus colegas, puede que incluso recuerdes algunas cosas olvidadas. Puedes echar un vistazo a sus documentos de preparación y hacerte una idea de cómo vas y de cuáles son las cosas importantes que puedes aprender de ellos.

Exámenes Modelo

Los exámenes modelo son lo más fundamental que debes tener en cuenta siempre que pienses que tu preparación está completa. O bien puedes dividir las secciones de aprendizaje y utilizar los exámenes modelo para comprobar tu comprensión según los temas.

Para ello, debes sumergirte en el mundo en línea, donde hay disponibles miles de preguntas y tareas de práctica. Al probarlos, podrás hacerte una idea de tu preparación y comprender en qué áreas debes concentrarte.

De este modo, descubrirás tus diversas carencias y podrás poner en marcha algunos esfuerzos adicionales para improvisar.

Capítulo 4

CCNA versus CCNP

En los últimos años, la certificación de Cisco se ha vuelto más popular en la alta demanda en los sectores de Redes o IT. Es una de las certificaciones más conocidas que cada año solicitan miles de personas, especialmente aquellas que quieren entrar en el sector de IT.

La mayoría de las personas de la era moderna eligen Cisco para garantizarse un gran trabajo en el sector de IT. Sin embargo, hay muchas certificaciones proporcionadas por Cisco. Aun así, aquí discutiremos y compararemos las dos principales - CCNP y CCNA – ya que son las que probablemente buscan la mayoría de las compañías.

Los profesionales se dedican cada vez más a estas certificaciones más populares, pero ¿por qué razón? ¿Y cuáles son los puntos de distinción entre CCNA y CCNP? En este capítulo hablaremos de todo ello.

Primero, Cisco lanzó las certificaciones Cisco para principiantes y profesionales de las redes. Con el tiempo, Cisco decidió aumentar el nivel de las certificaciones y comenzar a ofrecerlas a los solicitantes en diferentes etapas de experiencia. La credencial estaba destinada a proporcionar experiencia para que pudiera mejorar los fundamentos de las redes y el routing de los profesionales.

Pero cuál elegir es, sin duda, una cuestión complicada. Por lo tanto, aquí te daremos toda la información que necesitas si no estás seguro de elegir la certificación CCNA o CCNP adecuada para tu profesión. Así que vamos a sumergirnos en el capítulo y a descubrir la explicación que hay detrás de estas preguntas.

En primer lugar, es esencial hablar de lo que son las certificaciones CCNA y CCNP.

¿Qué es la Certificación CCNA?

CCNA son las siglas de Cisco Certified Network Associate. Es una de las certificaciones más populares de Cisco que está hecha especialmente para los principiantes. Si también quieres entender todo el conocimiento relacionado con la creación de redes, debes mirar a CCNA para la preparación. Esta certificación implica que una persona certificada en CCNA utilizará mejor las habilidades que ha aprendido a lo largo de su experiencia en CCNA. La certificación aumenta la comerciabilidad de la persona independientemente de la plataforma o el nivel en el que esté trabajando o quiera trabajar. Del mismo modo, quienes tengan dos años de experiencia en CCNA pueden considerar la posibilidad de elegir el siguiente paso para la preparación de la certificación avanzada.

¿Qué es CCNP?

CCNP son las siglas de Cisco Certified Network Professional, está reconocida como la certificación de nivel intermedio y una persona que tenga experiencia en infraestructura WAN y LAN puede aprovechar mejor los beneficios de esta certificación. Con la formación CCNP, una persona aprende a planificar la WAN y la LAN, a implementarlas y a solucionar los conceptos relacionados. Varios cursos, como el de routing avanzado de Cisco, trabajo de Internet escalables, conmutación multicapa y muchos más, vienen bajo la certificación CCNP. Diferentes dominios, como Centro de Datos, Inalámbrico, Seguridad, Colaboración de Routing, Proveedor de Servicios, Switching y Cloud, también están cubiertos por esta certificación de alto grado.

Alcance de CCNA y CCNP

La certificación de Cisco es considerada como la certificación de más alto nivel, ya que no es como cualquier otra credencial ordinaria. Del mismo modo, en términos de CCNP y CCNA, los diferentes niveles y estándares de formación también son bastante notables. Ambas certificaciones están destinadas a profesionales diferentes, ya que dirigen a una persona en una dirección profesional distinta. La ilustración anterior deja claro qué la certificación cumple con tus requisitos profesionales y cuál es la adecuada para ayudarte a construir una hoja de ruta exitosa.

A continuación, hemos compartido el alcance tanto de CCNP como de CCNA:

Oportunidades de Trabajo para los certificados CCNP

Como se ha mencionado anteriormente, la certificación CCNP es de alto nivel y ofrece una atractiva oportunidad al individuo para explorar la dinámica de las redes con una mirada profunda y actualizar su experiencia. En comparación con CCNA, la certificación CCNP te proporciona la capacidad de aprender algunas habilidades sobresalientes en opciones de seguridad y opciones inalámbricas. Para los profesionales de IT, CCNP es sin duda la calificación perfecta porque se adapta a sus profesiones e impulsa sus carreras.

A continuación se detallan las trayectorias profesionales que se derivan de esta certificación.

- Especialista en Redes

- Gestor de Redes

- Ingeniero de Redes Senior

Oportunidades de Trabajo para los certificados CCNA

Si eliges la certificación de nivel asociado (associate-level) CCNA, maximizarás tus conocimientos en diversas áreas de routing y switching. Aumentará tus habilidades y mejorará tu comprensión de las redes. Puedes obtener la certificación CCNP si tienes conocimientos y experiencia en WAN y LAN. Por otro lado, en CCNA, aprenderás todo en profundidad sobre WAN y LAN y cómo funcionan juntas. Si eres alguien que quiere obtener una certificación de nivel inicial, entonces CCNA se adapta mejor a ti y puedes construir fácilmente oportunidades de carrera en las siguientes áreas. -

- Analista de Redes

- Ingeniero de Redes

- Asociado de Redes

Salario Esperado de CCNA

El salario es importante en cualquier trabajo y con una certificación CCNA, puedes esperar un aumento significativo de tus ingresos mensuales. Sin embargo, lo más destacable es que, a diferencia de muchos trabajos las mujeres reciben el mismo salario que los hombres, con grandes paquetes salariales que van desde los $56,000 hasta los $90,000 al año. Tal vez sea sorprendente que sean más las mujeres que se dedican a obtener esta certificación que los hombres, en un intento de impulsar sus carreras.

Salario Esperado de CCNP

En comparación con los asociados de redes, los profesionales de redes ganan mayores paquetes salariales cuando se trata de la certificación CCNP. Además una vez certificado, él/ella puede recibir rápidamente ofertas de trabajo con un excelente paquete salarial de unos 41,000 dólares al año. También se espera que el pago sea mayor, alrededor de 133,000 dólares al año, en función de sus habilidades y dedicación. En promedio, la mayoría de los profesionales ganan fácilmente 117,000 dólares al año. Si no hay nada más, es una razón tan buena como cualquier otra para abrocharse el cinturón y obtener tu certificación.

Estudiemos CCNA versus CCNP Resumidamente

Como hemos observado, las certificaciones CCNA y CCNP están bien estructuradas en un marco a diferentes niveles. Ahora, vamos a ilustrar algunas otras variaciones de las certificaciones CCNA y CCNP.

Muchas personas suelen compartir diferentes opiniones en CCNP y CCNA en lo que a nivel de dificultad se trata. Pero, en general, la certificación CCNP es ligeramente más difícil de conseguir en comparación a la CCNA. Sin embargo, no es sólo por la razón de que en CCNP se abarcan más cantidad de conocimientos y se tiene que ampliar la comprensión. De hecho, las series de preguntas subjetivas aumentan el nivel de dificultad para el candidato en el examen CCNP.

El tiempo y las series de preguntas también ilustran la diferencia de complejidad. Además, Cisco te ayuda a emplear menos tiempo en el examen CCNP que en el CCNA.

En la mayoría de las certificaciones CCNA, tienes que hacer una prueba (algunas necesitan dos); en cambio, en la mayoría de los CCNP, ¡tienes que hacer cuatro exámenes! Aunque si estás considerando la certificación CCNP, debes estar preparado para un entrenamiento riguroso, ya que el examen CCNP es potencialmente más desafiante que el examen CCNA estándar. Aparte de esto, el tiempo necesario para la certificación CCNP es de 3 a 4 veces más que el de la CCNA.

¿Qué Hay de Nuevo en CCNA CyberOps versus CCNP Security?

Muchos principiantes o profesionales prefieren CCNA CyberOps Associate ya que creen que es la mejor plataforma para que los profesionales de la Ciberseguridad comiencen. Por ejemplo, CCNA CyberOps ofrece una comprensión suficiente de los conceptos básicos para una persona de nivel inicial, conceptos como la criptografía y el SOC (Security Operations Center). Lo mejor de CCNA CyberOps es que no tiene requisitos básicos, lo que la sitúa por encima de muchas otras credenciales.

Entonces, ¿por qué considerar obtener la certificación Cisco CCNP Security? A primera vista, no parece esencial ilustrar la distinción entre ambas, pero hay muchas diferencias en sus requisitos y lo mejor, es que entiendas a fondo las características de seguridad de CCNP y CCNA.

Veamos más de cerca y desvelemos alguna información valiosa -

Certificado Cisco CyberOps Associate

Si quieres entrar en una carrera siempre verde y de alto perfil en la Ciberseguridad, entonces debes escoger el programa de certificación Cisco CyberOps Associate.

Adicionalmente, en CISCO CyberOps, cubrirás los principios básicos de hardware y software. CISCO es una manera fantástica de introducir las amenazas y la seguridad en el mundo de Internet y un gran enfoque para aterrizar en una posición SOC como analista junior.

A través de CCNA CyberOps, también podrás considerar el examen de fundamentos de seguridad 210-250 SECFND. De este modo, te introducirás en más tecnologías de seguridad, incluidos los sistemas basados en host, la vigilancia y otros sistemas de supervisión.

Los exámenes 210-255 SECOPS explican la informática forense y muestran a las personas cómo se pueden abordar las amenazas a los datos y cómo identificar y eliminar las actividades sospechosas. También ayuda al empleado a manejar situaciones proporcionándole las habilidades adecuadas que le preparan para trabajar eficazmente en los principios de Ciberseguridad siempre que se requiera en el mundo real.

De acuerdo a algunas actualizaciones recientes de los nuevos exámenes, se han eliminado los fundamentos y objetivos de las redes en CCNA CyberOps. Sin embargo, en otros exámenes de Cisco, estos seguirán estando disponibles.

Cisco CCNP Security

Recientemente Cisco ha renovado su programa de certificación. Igualmente, si no tienes ninguna certificación previa en seguridad, no te preocupes. Puedes presentar el examen de seguridad CCNP (300-701 SCOR), disponible tras la reestructuración de la certificación de seguridad de CCNP.

Generalmente, tardarás más tiempo en acceder al examen CCNP, ya que antes de proceder tendrás que superar una serie de etapas de exámenes y elegibilidad de CCNA. Una vez que hayas superado estos requisitos, podrás pensar en ir más allá y elegir una credencial específica.

Beneficios de Cursar el Programa CCNA/CCNP

Oportunidad de un Ascenso

Con la aparición de la tecnología y la expansión de la industria IT y la industria de redes, la demanda de profesionales CCNA y CCNP también se ha disparado. Las industrias están buscando desesperadamente personas con la certificación CCNA/CCNP más reconocida. A medida que vayas ganando experiencia y construyendo una estructura más sólida de conocimientos y habilidades en el campo respectivo, tendrás más posibilidades de escalar posiciones en tu compañía.

Mejora de Conocimientos

Muchos jóvenes buscan el mejor método posible para establecer una base sólida en el sector de IT. Por este motivo, cada vez son más las personas que toman las certificaciones CCNA y CCNP, lo que les brinda una oportunidad mucho mayor de encontrar la trayectoria profesional adecuada. Está claro que quienes tienen las certificaciones CCNA y CCNP obtienen mejores puestos de trabajo más rápidamente. ¿Por qué? Porque a través de estas certificaciones Cisco, las personas obtienen experiencia tanto práctica como teórica. El nivel y la escala de conocimientos que se obtienen de estas certificaciones proporcionan opciones mucho mejores que otros cursos de graduación que pueden o no conducir a un trabajo.

Recibir Reconocimiento

Aparte de los ascensos y la mejora de los conocimientos, el reconocimiento laboral es otra cosa que anima a las personas a dirigirse a la certificación CCNA y CCNP. Independientemente de si haces CCNA o CCNP, ambos están inter-relacionadas, por lo que tienes muchas más posibilidades de conseguir un trabajo que alguien que no tenga las certificaciones. Tendrás una base de conocimientos más completa, ya que has dedicado tu tiempo a maximizar esas habilidades y has obtenido la certificación CCNA o CCNP que más busca el sector.

¿Qué Certificación es Mejor: CCNA o CCNP?

Si solo contamos los grandes paquetes de trabajo y los salarios, entonces CCNP se valora más que CCNA; sin embargo, no hay ningún inconveniente en ninguna de las dos certificaciones; ambas son igual de importantes. Sin la certificación CCNA, no puedes esperar obtener la certificación CCNP.

Después de todo, para entrar en el ámbito de las redes, es obligatorio empezar con CCNA. Y después, pasar uno o dos años trabajando en una compañía para actualizar tu experiencia antes de obtener la certificación CCNP, mejorando así tus perspectivas laborales. En un contexto genérico, una vez que te certifiques en CCNA, sigue con una nueva carrera y entra en el mercado de las redes, luego puedes obtener la certificación CCNP.

Si ya tienes experiencia con la certificación CCNA, se te considerará un profesional y ahora podrás pasar directamente al CCNP sin ninguna limitación. Esto jugará un papel clave en tu éxito, ya que conseguirás ascensos y salarios más altos, además de la oportunidad de obtener mayores beneficios. No se limitará a las fronteras de tu país, sino que aumentará tu capacidad de comercialización en cualquier parte del mundo.

Capítulo 5

Todo Sobre los Fundamentos de Redes en CCNA

Después de comprender la abundante información relativa a CCNA, echemos un vistazo profundo a los principales temas que se tratarán en los próximos capítulos. Aquí hablaremos del primer tema, Fundamentos de redes en CCNA.

Así que estás listo para darlo todo; por lo tanto, para ayudarte, hemos alineado algunos de los puntos más valiosos que debes tener en cuenta si estás planeando continuar con el viaje de CCNA. En primer lugar, comencemos con los Fundamentos de Redes, la primera plataforma de este viaje.

¿Qué Porcentaje del Examen Cubre los Fundamentos de Redes?

Cuando se trata del examen CCNA 200-125, el porcentaje exacto puede variar ya que puede cambiar en cualquier momento. Sin embargo actualmente, el 15% del examen proviene de la sección de Fundamentos de Redes. En resumen, como se ha comentado en los capítulos anteriores, el examen suele constar de 60-70 preguntas, lo que significa que tendrás diez preguntas de Fundamentos de Redes y el número de preguntas puede variar según los ajustes en los exámenes.

Temas Tratados en Fundamentos de Redes

En los Fundamentos de Redes, puedes encontrar muchos temas para aprender y dentro de cada tema, descubres muchas secciones únicas pero bastante esenciales. Por ejemplo, los temas del examen CCNA también están divididos en subsecciones, desde la 1.1 hasta la 1.15. Así que si eres un principiante, tendrás que cubrir estas 15 secciones.

1. Modelos OSI y TCP/IP, que incluye los protocolos TCP/UDP

2. Componentes de la infraestructura y recursos en la nube

3. Topologías y arquitecturas de red, como el cableado

4. Direccionamiento IPv6, incluyendo configuración, identificación y solución de problemas.

5. Direccionamiento IPv4, incluyendo configuración, identificación y solución de problemas.

Cómo Entender los Fundamentos de las Redes para la Preparación del Examen

Ahora echaremos un vistazo a los temas del CCNA e intentaremos reunir más detalles de cada tema, para que puedas entender mejor todo lo que ocurrirá en los Fundamentos de Redes. Primero, comenzaremos con -

Modelos OSI y TCP/IP

En el primer tema de los fundamentos de redes CCNA, aprenderás a comparar y contrastar los modelos OSI y TCP/IP. Del mismo modo, implica que comprenderás en profundidad todos los conceptos relacionados con los modelos OSI y TCP/IP.

Tanto los modelos OSI como en los TCP/IP, aprenderás muchos detalles sobre las comunicaciones en red, ya que este tema gira más en torno a esas cosas. Sin embargo, tanto OSI como TCP/IP son modelos diferentes con entidades separadas. Pero sus pocos puntos en común apoyan la razón para entender la distinción entre ellos.

Si eres un novato en el mundo de las redes, entonces es innegable que el modelo OSI es lo primero que debes conocer en profundidad. Por ejemplo, para considerar la mejor preparación de los exámenes, debes tener un conocimiento profundo del modelo OSI de siete capas, incluyendo otros protocolos y dispositivos, sus funciones y las diferentes capas del modelo OSI; todo esto es necesario aprenderlo. Echa un vistazo a continuación para aprender más sobre estas capas.

Capa de Aplicación

Las capas de aplicación se refieren a los navegadores web o a los correos electrónicos que se utilizan ampliamente en el software. Las capas de aplicación establecen un protocolo para enviar y recibir información entre el software y proporcionar datos útiles a los usuarios finales. El Protocolo de Transferencia de Archivos (FTP), el Protocolo de Transferencia de Hipertexto (HTTP), el Protocolo Simple de Transferencia de Correo (SMTP), el Protocolo de Oficina Postal (POP) y el Sistema de Nombres de Dominio o (DNS) son algunos de los ejemplos más comunes de las capas de aplicación.

Capa de Presentación

Todos los datos necesarios para las capas de aplicación se preparan aquí, en la capa de presentación. En ella se especifica cómo dos dispositivos deben encriptar, codificar y comprimir los datos que hacen posible la transmisión exitosa al otro extremo. Aunque, en las capas de presentación, cualquiera de las transmisiones de datos de la capa de aplicación puede tener lugar para el posterior proceso de transmisión en la capa de sesión.

Capa de Sesión

Las capas de sesión establecen un canal de comunicación entre los dispositivos (conocidos como sesiones); esta capa es útil y garantiza que las sesiones abiertas permanezcan abiertas. Por otro lado, esta capa también se encarga de que todo funcione bien durante la transmisión de datos. Cierra automáticamente las sesiones una vez la comunicación finaliza.

Capa de Transporte

La capa de transporte divide la sesión en "segmentos" de los datos transferidos al final de la transmisión. En los extremos receptores, la capa de transporte vuelve a ensamblar los segmentos, los transforma de nuevo en datos para la capa de sesión y garantiza la exitosa transmisión de datos.

Capa Red

La capa de red se encarga de convertir los segmentos en paquetes de red y de reensamblarlos en el extremo receptor.

Capa de Enlace de Datos

A través de la capa de enlace de datos, los paquetes llegan a su destino, ya que construye una conexión entre las redes. Aparte de esto, la capa de enlace de datos consta de dos partes – Control de Acceso al Medio (MAC) y Control de Enlace Lógico (LLC) y puedes aprender todo sobre ella una vez que procedas con la preparación.

Capa Física

Gracias a la capa física, la capa de enlace de datos puede establecer una conexión de red. También se conoce como conexión inalámbrica. La capa física (cable físico o conexión inalámbrica) conecta los dispositivos y transmite efectivamente los datos en bruto.

En el modelo OSI, tanto TCP como UDP operan antes de la capa de red (en la capa de transporte). Siguiendo el modelo, también aprenderás a comparar y contrastar los protocolos TCP y UDP en todo el tema.

Por otro lado, TCP/IP también será un tema bien discutido porque este modelo de cuatro capas sigue la comunicación de red de los tiempos modernos. Para los exámenes, debes estar bien preparado en las siguientes cosas. Principalmente ayudaría si estuvieras bien familiarizado con cada concepto sobre cómo funciona el modelo TCP/IP y otros dispositivos de protocolos en las diferentes capas OSI.

Componentes de la Infraestructura y Recursos de la Nube

¿Qué es una red? Es simple, solo un conjunto de dispositivos conectados donde cada dispositivo tiene sus propias funciones diferentes. Por ejemplo, muchos dispositivos están destinados a la comunicación, mientras que otros tienen que depender de las redes para establecer una ruta de comunicación.

Por lo tanto, si estás en esta categoría del examen CCNA, debes entender de forma clara los dispositivos 'destinados a la comunicación'. Por ejemplo, los puntos de acceso inalámbricos, los cortafuegos, los routers y los switches; todas estas redes subyacentes facilitan una mejor comunicación.

Aparte de esto, debes aprender sobre los recursos de la nube, ya que con la aparición de la nube, las redes dependen cada vez más de ella. Del mismo modo, lo mejor sería que conociera bien los efectos de la nube, que han supuesto un cambio significativo en la arquitectura de las redes empresariales actuales.

Para ello, preste también atención a los distintos tipos de nubes, como las públicas, las privadas o las híbridas, para diferenciarlas y comprenderlas mejor. Además, no olvides profundizar en el DNS y el DHCP para adquirir conocimientos sobre numerosos servicios virtuales y la infraestructura de red virtual básica.

Topologías y Arquitecturas de Red

El diseño de redes también implica algunos principios de ingeniería importantes, como la modularidad, la flexibilidad, la jerarquía y la capacidad de recuperación. Y eso es lo único que tiene el diseño de redes de Cisco – se aprende todo lo relacionado con el principio de diseño de redes de la manera más completa. A pesar de los nuevos modelos, Cisco sigue colocando esta aplicación en la mayoría de las redes para los exámenes de la red empresarial.

El modelo de diseño jerárquico es, sin embargo, el modelo tradicional más famoso para el diseño de redes. En este diseño la red se divide en capas de núcleo, acceso y distribución - lo que también se denomina arquitectura de tres niveles.

Para una mejor preparación para el examen, es esencial conocer a fondo estas tres capas de las redes. Si sigues los pasos adecuados para practicar, podrás maximizar tu familiaridad con ellas.

Aunado a un gran conocimiento de la arquitectura de tres capas, también deberías tener un mejor conocimiento del núcleo colapsado, ya que, en el examen, es posible que tengas que responder a algunas preguntas relacionadas.

Aparte de esto, en el examen suelen aparecer preguntas sobre diversas topologías de red, como malla, híbrida, estrella y muchas más. Pero cuanto antes te prepares para ello, más resultados fructíferos podrás esperar después.

Durante la preparación del CCNA, encontrarás muchas curvas de aprendizaje en las que experimentarás muchas cosas que suceden en la vida real. Aprenderás a utilizar la topología en estrella en la WAN (Wide Area Network) o la topología Mesh o a combinar ambas. Para ello, deberás estar bien familiarizado con los pros y los contras de cada topología; solo así podrás responder rápidamente a las preguntas más complicadas, ya que de eso tratan los exámenes CCNA.

Direccionamiento IPv4

En el mundo moderno de hoy, las redes son dominantes y es por eso que Cisco te proporciona el conocimiento completo sobre cada dinámica de la red. Del mismo modo, el direccionamiento IP es la parte integral de la red actual y casi no hay ninguna red que no dependa de IP.

Y mientras tanto, en la preparación de CCNA, aprenderás todo lo relacionado con IP, como que tienen dos versiones - IPv4 e IPv6. Para aprobar el examen, debes tener una visión profunda de estas cosas vitales.

Empieza por entender las direcciones IP, qué son y cómo funcionan y facilitan la comunicación en la red. En consecuencia, compara y contrasta los diversos tipos de direcciones IPv4, como Multidifusión, Difusión y Unidifusión.

En este tema abordarás algunas palabras comunes, como verificar, configurar y solucionar problemas de forma exhaustiva. Por lo tanto, puedes esperar preguntas sobre temas como el laboratorio y la simulación en el examen, ya que en su mayoría cubre estas cosas.

Sin embargo, debes tener un amplio conocimiento sobre todo lo relacionado con este tema, desde la configuración de direcciones IP y la interfaz del router hasta el reconocimiento de la comunicación entre dos dispositivos y si están funcionando o no.

Además, el examen CCNA se vuelve un poco confuso cuando se trata de Subredes; por lo tanto, siempre debes estar bien preparado para manejar esas preguntas difíciles. Por ejemplo, las direcciones particulares bloquean las subredes, el número de hosts que caben, la subred, la dirección de difusión etc.

Direccionamiento IPv6

En el último examen CCNA, IPv6 es un tema más enfocado porque el mundo moderno está aceptando cada vez más el direccionamiento IPv6. De forma similar, en los exámenes actuales es posible que te hagan muchas preguntas interrelacionadas y por lo tanto, debes estar bien preparado con cada concepto clave.

Sin embargo, no basta con conocer los principios fundamentales de IPv6. De hecho, al igual que configurar, verificar y solucionar problemas como se aprende en el direccionamiento IPv4, se aprende en IPv6, pero en este aprenderás algunos conceptos adicionales como la Configuración Automática de Direcciones Sin Estado de IPv6 también.

Además, si ya estás familiarizado con el direccionamiento IPv4 y estás procediendo con el direccionamiento IPv6, puede parecer un poco más largo. Por ejemplo, una dirección IPv6, el formato de escribirla es diferente y las direcciones también son cuatro veces más largas.

Si eres un novato, todas estas cosas pueden parecer un poco abrumadoras, pero algunos esfuerzos y preparaciones estratégicas son suficientes para lograr resultados favorables.

Si quieres aprobar el examen CCNA, debes conocer a fondo todos los temas mencionados. Lo más importante, en el modelo OSI y TCP/IP, junto a esto, es que no te olvides de cubrir el dispositivo y el Protocolo en cada capa en la que operan. La creación de Subredes requiere mucha práctica, pero puedes facilitar las cosas con enfoques estratégicos. Aparte de eso, IPv4, IPv6 y los fundamentos de redes adquieren amplios conocimientos sobre cada tema central para garantizar que estés listo con la mejor preparación para el examen.

Capítulo 6

Cómo Prepararse para la Tecnología de Conmutación LAN

L as empresas modernas prestan más atención a la recopilación de datos para sobrevivir en el entorno empresarial actual, extremadamente competitivo. Por lo tanto, la tecnología desempeña un valioso papel en este sentido, ya que ha introducido algunos de los últimos métodos de comunicación como el video, la voz y la transmisión de datos a través de las redes. Y debido a la importante contribución de la tecnología, Cisco ofrece una excelente oportunidad para que los alumnos tengan una experiencia completa en LAN, ya que el sector demanda personas con experiencia certificada en switching de LAN. Después del examen CCNA, tendrás esa experiencia. En CCNA, es el segundo tema más importante sobre el que hablaremos a continuación.

¿Qué Porcentaje del Examen CCNA Tiene Preguntas sobre LAN Switching?

Cuando se trata del examen CCNA 200-120, la documentación oficial dice que actualmente el 21% del examen proviene de la sección de LAN switching. El examen suele constar de 60-70 preguntas, lo que significa que tendrás entre 14 y 15 preguntas de la sección de LAN switching.

Temas Tratados en LAN Switching

Aunque hay diez temas de discusión en LAN switching, aquí vamos a explicar algunos de los temas más importantes, tales como–

1. Explicar y demostrar los conceptos de conmutación o switching

2. Verificar, configurar y solucionar problemas de conectividad entre conmutadores y VLANs

3. Verificación, configuración y solución de problemas de los protocolos para STP, así como otras características

4. Verificación y configuración de protocolos de la capa 2

5. Verificación, configuración y solución de problemas de EtherChannel de capa 2 y capa 3.

Cómo Entender las Tecnologías de Routing para la Preparación del Examen

Explicación y Demostración de los Conceptos de Switching

La parte inicial de LAN switching se centra más en los conceptos básicos e introductorios relacionados con switching. Por ejemplo, cómo funciona la LAN, qué necesidad hay de tener un switch de LAN, etc. Aquí tienes que centrarte en el formato de la trama Ethernet y su relación con otros campos.

Tendrás preguntas relacionadas con el mantenimiento de las direcciones MAC y el switching de tablas, varios métodos para la entrega de tramas y mucho más. Por lo tanto, debes estar bien preparado con estos importantes temas. Además, deberás también tener buen conocimiento de los casos de inundación de conmutación.

Una cosa importante que vale la pena señalar aquí es que no puedes confiar solo en el conocimiento teórico para el módulo de LAN switching. Tienes que ser muy bueno en el uso de los comandos prácticos y saber cómo funcionan. Por ejemplo, cómo introducir un puerto de dirección estática, mostrar la tabla de direcciones MAC, etc.

También es una gran cosa para el conocimiento adicional si estás mejorando tu comprensión, como el aspecto de la tabla final al conectar el puerto a otro interruptor. Después de todo, esta experiencia seguramente añadirá otro nivel de conocimiento en tu mente que te hará más seguro para responder a las preguntas.

No olvides los subtemas de la solución de problemas. No cabe duda de que te enfrentarás a preguntas sobre este tema durante el examen y debes asegurarte de que tu preparación incluya saber cómo eliminar los problemas de switch y de los puertos, así como la solución de otros problemas.

Los principales problemas surgen en la configuración dúplex, las funciones MDIX, la velocidad mal configurada, los cables desprendidos y los puertos deshabilitados. Por lo tanto, debes estar bien preparado sobre cómo encontrar los errores y cómo resolverlos.

Además de esta información debes prestar atención a la sección teórica del examen, como el apilamiento de switches y la agresión de chasis.

Verificación, Configuración y Solución de Problemas de Conectividad Entre Switches y VLANs

En las redes modernas de hoy en día, las LANs Virtuales desempeñan un papel integral, ya que las empresas las aceptan cada vez más. Por lo tanto, en el examen CCNA, prepárate para demostrar una comprensión tanto teórica como práctica de las mismas.

Empieza por aprender las configuraciones iniciales de VLAN, como la creación, la eliminación o el cambio de nombre de las VLAN, cómo cambiar la configuración de la pantalla, cómo asignar puertos en la VLAN, etc. Recibirás muchas preguntas en la parte de solución de problemas y deberías estar preparado para la VLAN por defecto, voz, datos y tipos de puertos.

Comprende bien el concepto de Trunks, ya que te ayudará a evaluar las VLAN, que existen en diversos switches. En el trunk, reconoce los métodos utilizados para las tramas, habilitar y deshabilitar VLAN en el Trunk, Switches, negociar el puerto, etc.

También debe aumentar tu familiaridad con los modos DTP y sus problemas de seguridad. Profundiza en cada uno de los temas propios de VLAN, no olvides ningún punto.

Verificación, Configuración y Solución de Problemas de Protocolos para STP

Las organizaciones necesitan una red de alta disponibilidad las 24 horas del día y por ello se observan con frecuencia problemas en las redes de conmutación debido a la alta demanda. En este caso, STP es una de las mejores soluciones que tenemos y es parte integral de esta certificación.

Del mismo modo, si te estás preparando para CCNA, debes saber cómo y dónde vas a necesitar este protocolo porque es un tema importante que se pregunta a menudo en los exámenes. Debes aumentar tus conocimientos para resolver el enigma de las redes.

Además, trata de reunir un inmenso conocimiento sobre el proceso STP rápido y por defecto. Debes saber cuándo seleccionar el rol primario y el rol secundario para configurar la VLAN. También debes ser consciente de la manipulación de STP con los cambios necesarios.

Aparte de la configuración de STP, también se te pedirá que aprendas las características básicas adicionales. Como la característica PortFast que elimina la necesidad de convergencia de STP en algunos casos y BPDU Guard que transforma una red en una red más segura.

Configurar y Verificar los Protocolos de Capa 2

En la mayoría de los casos, un individuo tiene que identificar algunos dispositivos más cercanos, saber cómo identificarlo, que tipo de dispositivo es, etc. y Cisco ha ilustrado brevemente esto en sus certificaciones. Igualmente, para hacer esto, Cisco te proporciona una breve comprensión de CDP (Cisco Discovery Protocol) a la que también puedes considerar el protocolo de capa 2, ya que es accesible en los switches.

Sin embargo, debes prestar atención a la interpretación de la información que proporciona CDP y además a la habilitación/deshabilitación por motivos de seguridad. Ten en cuenta que toda esta información es necesaria.

En el examen CCNA, también se obtiene LLDP, ya que Cisco también aborda las últimas tecnologías en los dispositivos de red, pero es similar a CDP, por lo que el conocimiento de uno te da una ventaja en el otro.

Configurar, Verificar y Solucionar Problemas (capa 2/capa 3) de EtherChannel

Para conectar y agregar puertos físicos individualmente, EtherChannel es otro de los temas más enfocados. Como alumno, deberás obtener un conocimiento profundo de cómo utilizarlo, sus ventajas y las condiciones en las que puedes aplicarlo.

Aparte de esto, deberás mejorar tus conocimientos en el emparejamiento de varios modos necesarios para EtherChannel. Por ejemplo, EtherChannel no funcionará cuando se emparejen los modos pasivo-pasivo o auto-auto.

Simultáneamente, podemos utilizar los puertos en forma de puertos enrutados o puertos de switch en switches multicapa. Posteriormente, siguiendo el mismo caso que en la capa 2, podemos crear un EtherChannel en la capa 3. Sin embargo, la mejor práctica es mantener una rutina y trabajar adecuadamente.

Siempre vale la pena tener una base sólida sobre los conceptos elementales y más básicos, ya que puede conducirte a una carrera exitosa. Si estás planeando tu futuro en la tecnología de la información, entonces pon tu mayor esfuerzo y comienza tu viaje.

Capítulo 7

Cómo Prepararse Para Las Tecnologías De Routing

La certificación de Routing y Switching de CCNA te proporcionan las habilidades y la experiencia que hacen que las redes sean más efectivas, particularmente a medida que las tecnologías continúan cambiando. En el programa CCNA, se aprende a instalar, solucionar problemas y diagnosticar la infraestructura de red.

Así mismo, si hablamos de las tecnologías de enrutamiento o routing, es el componente más crítico en el mundo de las redes de hoy en día. En el día a día, el técnico de redes puede encontrarse rápidamente con la tarea de enrutamiento y esto es posible tanto en redes pequeñas como grandes. Por eso, como profesional, debes tener amplios conocimientos sobre la dinámica y la estática del enrutamiento. Debes tener experiencia en el manejo de los routers y más.

¿Qué Porcentaje del Examen CCNA tiene tecnologías de Routing en Él?

De este tema de CCNA – Tecnologías de Routing, espera un montón de preguntas ya que este es uno de los temas más importantes que es popular debido a su ejecución en el mundo real. Del mismo modo, cuando se trata de despejar y obtener las calificaciones de aprobación en el examen CCNA, este tema cubre el 23% del examen. Por ejemplo, puedes tener entre 16 y 17 preguntas para responder en el examen que tiene como tema las tecnologías de Routing. En resumen, casi una cuarta parte de las preguntas del examen provendrán de este capítulo, ya que tiene un total de 70 preguntas. Por lo tanto, debes estar bien preparado con este tema si quieres conseguir la máxima clasificación en este examen CCNA.

Temas Cubiertos en las Tecnologías de Routing

Así que después de conocer bien el examen y las notas, es hora de familiarizarse con los subtemas más importantes. Hay alrededor de 14 subtemas en las Tecnologías de Routing y en la mayoría de ellos también se subdividen en más discusiones. Por lo tanto, si resumimos todo el programa de estudios, el tema de aprendizaje más fundamental es la teoría básica del routing. Hay que conocerla a fondo y además, los paquetes, el routing dinámico y por último, la solución de problemas de los dispositivos son otros temas más concentrados.

Si tenemos que explicar los temas principales de los cuales las Tecnologías de Routing tratan, a continuación, puedes echar un vistazo rápido de los siguientes temas significativos -

1. Conceptos de Routing y conocer los componentes de la tabla de enrutamiento

2. Contraste y comparación de los protocolos de enrutamiento.

3. Verificación, Configuración y solución de problemas de RIPv2 para IPv4, EIGRP para IPv4/IPv6 y OSPFv2

4. Verificación, Configuración y solución de problemas de enrutamiento estático IPv4/IPv6 y enrutamiento inter-VLAN

5. Solución de Problemas de la Capa 3

¿Cómo Entender las Tecnologías de Routing Para la Preparación del Examen?

Conceptos de Routing y Conocimientos de los Componentes de la Tabla de Routing

Para convertirse en un técnico de redes exitoso, el paso preliminar es la "práctica" y sólo después de eso él/ella podrá explorar más cosas. Asegúrate de estar preparado con los enfoques teóricos fundamentales en el routing, como el routing de paquetes a través de la red. Para el paso inicial, se te pedirá que anotes todas las partes necesarias relacionadas con el encabezado del paquete IP y la estructura de la trama de Ethernet, como la dirección de destino, el origen o el campo TTL.

Sin embargo, esto se debe principalmente a que en el examen se te plantearán preguntas relacionadas con los parámetros, como el manejo de paquetes y junto a ello, la ruta hacia el destino desde un origen inicial.

Por otro lado, para tener conocimientos generales, también debes estar familiarizado con el CEF (Cisco Express Forwarding) que es famoso en los routers modernos. Asegúrate de tener conocimientos de CEF, así como de las tecnologías de routing más antiguas.

De forma simultánea, una tabla de routing es la base de datos central y bien enfocada del router. Del mismo modo, añadirá otra capa de perfección en tu conocimiento sobre las Tecnologías de Routing si estás bien familiarizado con los componentes y aplicación de uso de los datos por el Router.

Prefijo, Métrica, Próximo Salto, Máscara de Red y Pasarela de Último Recurso son algunos de los conceptos más fundamentales que debes conocer.

Aunque para distinguir las numerosas fuentes de routing, en el caso de Routers Cisco utilizan los conceptos de distancia administrativa. Por lo tanto, debes memorizar todos estos conceptos y también el valor que tienen en el examen.

En resumen, debes conocer bien el protocolo de distancia para que puedas respaldar fácilmente la ruta cuando estés configurando cualquier ruta estática flotante. De esta manera, el proceso será más manejable y es el mejor enfoque a seguir en lugar de aprender dinámicamente cada paso.

Contraste y Comparación de Protocolos de Routing

Existen numerosos métodos que un router puede determinar para buscar rutas de red de destino. En el examen, la mayoría de las preguntas pueden girar en torno a los distintos pros y contras del uso de routing estático. Por lo tanto, si estás prestando especial atención al Routing Dinámico, no olvides el routing estático.

Sin embargo, la mayoría de las preguntas se refieren a la elección del método de routing a lo largo del proceso de la red. Las preguntas se hacen a menudo en el contexto del uso, es decir, dónde se necesita la estática en la red o cuándo elegir el routing dinámico.

Es imprescindible que, al principio, descubras los protocolos para el routing dinámico. Sin embargo, puedes obtener el resto de los detalles de BDP en el estudio posterior de CCNA y también necesitarás conocer los protocolos interiores.

Además te centrarás más en los principios, incluyendo sus módulos de trabajo, la relación con los routers vecinos, cómo construir tablas de routing y la información compartida.

Aparte de estos temas esenciales, OSPF, EIGRP y RIP son otros puntos vitales en los que debes concentrarte con gran atención en cada detalle. Sin embargo, RIP tiene un papel menor en las redes actuales, ya que gira en torno al protocolo de vector distancia puro.

Verificación, Configuración y Solución de Problemas de OSPFv2/v3, Área única y Multi-Área, EIGRP para IPv4/IPv6 y RIPv2 para IPv4

En comparación con la configuración de la ruta estática, un protocolo de enrutamiento dinámico suele considerarse el paso más difícil porque requiere un amplio conocimiento de cada punto central por parte del técnico de redes.

Solo puedes sentirte seguro en el examen si estás bien preparado con tus conocimientos en OSPFv3 y EIGRP para IPv6 y OSPFv2, RIPv2 y EIGRP para IPv4. Es algo que exige tus conocimientos en configuración, pero más allá de lo básico.

Por ejemplo, debes tener amplios conocimientos sobre la manipulación del costo de la ruta o la distribución de una ruta por defecto, ya que son algunas de las especialidades requeridas principalmente.

Pero, otro punto que proporciona alivio es que, en la documentación oficial, según algunas actualizaciones recientes, se han excluido algunas áreas de configuración por cada uno de los protocolos (a saber, filtrado, resumen manual, autenticaciones y algunas otras también). De este modo, se han facilitado las cosas en cierta medida.

Verificación, Configuración y Solución de Problemas de RIPv2 para IPv4, EIGRP para IPv4/IPv6 y OSPFv2

Este tema es perfecto para aquellos alumnos que suelen preferir practicar las teorías experimentándolas en tiempo real. El principal punto de consideración inicial es la 'Configuración de Routing Estático.'

En consecuencia, debes conocer los métodos de al menos uno como la interfaz de salida, la ruta con el siguiente host, o ambos. Al mismo tiempo, debes comprender la información completa relativa a la configuración de la ruta por defecto, que puede ser posible tanto en la red IPv6 como en la IPv4.

También es posible que te pregunten sobre las rutas de host, así que prepárate en eso también. Como ya se ha dicho, en el examen hay que estar bien preparado con los conocimientos de routing, como las rutas flotantes, la ruta estática especial que puede ser una ruta de reserva utilizada como opción alternativa junto con el protocolo dinámico.

Y aquí viene lo más crucial, el enrutamiento o routing Inter-VLAN: Es el tema más necesario que debes conocer y debes tener una comprensión del método de Subinterfaz y el enrutamiento con SVIs.

Pero siempre hay que tener en cuenta que la verificación es el paso previo a la configuración. Durante el seguimiento un técnico de redes debe tener un claro conocimiento de todas las herramientas que son mejores para tales esfuerzos (como traceroute, ping). Los comandos IOS juegan igualmente un papel importante aquí, ya que se utilizan para examinar el funcionamiento junto con los routers y para la configuración de las rutas.

Con el resultado de esto, puedes descubrir rápidamente la razón significativa detrás de cualquier error que se pueda producir en el futuro. Lo entenderás más fácilmente y la solución será mucho más cómoda para ejecutar.

Sin embargo, para hacerlo correctamente, es necesaria mucha práctica y un gran poder de memorización. Por lo tanto, tu habilidad para mostrar la información exacta y tu amplia comprensión juegan un papel primordial en este caso.

Solución de Problemas de Capa 3

En la mayoría de los casos, el técnico de redes se encuentra con algunos errores significativos mientras se realizan las operaciones de una red en particular. Del mismo modo, todos estos errores o disfunciones se convierten en algo extremadamente importante de solucionar. Para obtener resultados favorables en tu examen, necesitas algunas habilidades de solución de problemas requeridas.

Además, debes prestar especial atención al software, ya que estas herramientas te ayudarán a identificar mejor los problemas que surjan. Del mismo modo, tienes que examinar de cerca la salida para entender el comando 'mostrar'. De esta manera, descubrirás la razón detrás de dicho error.

Aunque el uso de Ping y Traceroute también es esencial al final de los dispositivos, ya que es la herramienta de conectividad fundamental de prueba de principio a fin. Junto con esto, debes tener un conocimiento básico de algunos comandos adicionales como las "depuración" porque juega un papel importante en el paso posterior.

Así que, este tipo de preguntas intrincadas e interrelacionadas son habituales en los exámenes y para convertirte en un triunfador instantáneo, debes tener una notable capacidad para encontrar los puntos de información de menor a mayor importancia a lo largo de la operación.

Debes cubrir todos los puntos significativos relacionados, como una red mal anunciada o pérdida, un temporizador, un número de AS no coincidente, etc.

Mientras tanto, debes tener una decente comprensión de otros aspectos, como el conocimiento correcto de la configuración y cómo arreglar los errores del seguimiento el paso particular.

En la mayoría de los casos, la solución de problemas genera muchas molestias y a menudo, las preguntas difíciles se plantean en el examen, así que hay que estar preparado con lo esencial.

No puedes esperar un resultado favorable en el examen CCNA si no estás bien preparado con la formación básica. Sin practicar la solución de problemas y la configuración, el examen parecerá imposible. El enrutamiento o routing es una de las partes más desafiantes del examen CCNA y si resumimos la conclusión, descubrirás que es la parte de mayor peso y máxima porción del examen.

Sin embargo, lo mejor será que hagas laboratorios en la medida de lo posible con dispositivos reales y originales. Puedes descargar muchos archivos de Internet que te ayudarán a seguir preparándote para el examen. También puedes hacer un experimento para adquirir los conocimientos prácticos cometiendo tanto errores como configuraciones y corrigiéndolos en base a tus habilidades de solución de problemas. Así que no te demores y da lo mejor de ti, ya que todo tu esfuerzo te acercará a la certificación CCNA.

Capítulo 8

Cómo Prepararse para las Tecnologías WAN

La red es un poderoso medio que ha conectado al mundo durante décadas. Conecta múltiples dispositivos o sistemas informáticos a través del enlace principal de comunicación. Sin embargo, las redes también se dividen en tres formas. Por ejemplo, la red de área metropolitana (MAN), la red de área local (LAN) y por último, la red de área amplia (WAN), de la que profundizaremos aquí. Nadie entiende mejor la importancia de las redes que Cisco. Es por eso que Cisco hace hincapié en la breve discusión en el contexto de las redes en su examen Certified Network Associate Routing and Switching.

En el examen CCNA (200-125), se examinan tus conocimientos y habilidades sobre redes. Aquí discutiremos a fondo la WAN y alguna información relacionada con ella porque es uno de los temas más importantes que aparecen en el examen.

¿Qué Porcentaje del Examen CCNA Cubre las Tecnologías WAN?

Puede parecerte sorprendente el hecho de que solo el 10% del examen provenga de las tecnologías WAN. Pero esto no significa que te saltes este tema y vayas a prepararte más. De hecho, eso sería un grave error. Durante la preparación del examen CCNA encontrarás conceptos de WAN en todas partes y más concretamente, en Fundamentos de redes y routing. Por lo tanto, ignorando el bajo porcentaje en este examen, sólo debes proceder a la preparación WAN, porque cuando se trata de una certificación tan importante como CCNA un solo porcentaje es valioso.

Temas Cubiertos en las Tecnologías WAN

1. Metro Ethernet y MPLS

2. WANs Punto-a-Punto

3. eBGP

4. VPNs de Internet

5. Calidad de Servicio

Metro Ethernet y MPLS

¿Puedes nombrar dos tecnologías WAN Populares en el mundo digital actual? Recuerda siempre que - Metro Ethernet y Multiprotocol Label Switching (MPLS) son las tecnologías WAN más populares.

Ethernet se creó específicamente para el Entorno de la Red de Área Local; por otro lado, Metro Ethernet es, de hecho, el uso de Ethernet en la WAN. Por lo tanto, es esencial que primero te familiarices con el papel de Ethernet en la LAN, porque aumentará tu familiaridad con la WAN, lo que hará que entiendas mejor el concepto de Metro Ethernet en la WAN.

Si hablamos de MPLS, entonces estás destinado al uso de los ISP para ofrecer una variedad de servicios de red a la industria. Sin embargo, la cobertura de MPLS en CCNA R&S se limita a los servicios Wan de capa 3 -Multiprotocol Label Switching VPN.

Todo esto se aprende en la certificación CCNA R&S junto con MPLS y Metro Ethernet como servicio. A través de esto, se obtiene una visión en profundidad de lo que se recibe como un cliente de negocios del proveedor de servicios.

Sin embargo, las ideas de los debates no se describen con demasiada profundidad y no es necesario profundizar mucho en los detalles. Por ejemplo, mientras te preparas en este tema, no te estreses si tienes que tener una visión profunda de la configuración de MPLS y Metro Ethernet.

En la certificación Cisco, cuando explores la sección de la vía del proveedor de servicios, solo cubrirás los detalles de la implementación básica y eso es todo.

WANs Punto-a-Punto

Al explorar el tema de la WAN en la certificación CCNA, notarás que cualquier discusión comienza con las líneas arrendadas o Leased lines. Para las discusiones de routing IP y Fundamentos de Redes a gran escala, CCNA R&S utiliza las Líneas Arrendadas. Para entenderlo mejor, exploremos los dos protocolos esenciales para la comunicación en serie y examinemos su configuración.

1. HDLC

2. PPP

HDLC es el acrónimo de High-Level Data Link Control y es usado para la comunicación serial. Es un Protocolo de Enlace de Datos en tiempo real orientado a los bits y requiere sólo una pequeña comprensión de los conceptos fundamentales de HDLC y puedes resumir fácilmente lo que es.

Pero al mismo tiempo, una vez que conozcas los conceptos de HDLC, puedes continuar con los pasos siguientes como la configuración, verificación y solución de problemas de HDLC para Líneas Arrendadas. Aunque no es fácil trabajar con HDLC en la interfaz seriales de los routers Cisco ya que es una encapsulación por defecto.

PPP es un acrónimo de Point-to-Point Protocol o Protocolo Punto-a-Punto que se puede utilizar como otro Protocolo de Enlace. Sin embargo, en comparación con el HDLC, en el PPP puedes aprender más sobre sus características avanzadas como la autenticación.

Para los exámenes, debes tener una clara y concisa comprensión de los conceptos de PPP. Además, los exámenes también exigen que conozcas el protocolo de autenticación PPP y los formatos de trama – como CHAP (Challenge Handshake Authentication Protocol) y PAP (Password Authentication Protocol).

Del mismo modo, el uso de la autenticación local, la configuración y verificación de PPP en la interfaz WAN, son todas las cosas que pueden surgir en el examen. Así que debes estar bien preparado con tus conocimientos sobre estos temas.

Sin embargo, es recomendable para el consejo general tomar tiempo para estudiar PPP en comparación con HDLC porque es un poco más crítico. La mayoría de las preguntas relevantes del examen girarán en torno a él.

eBGP o BGP Externo

El BGP que quiere decir Protocolo de Pasarela de Borde o Border Gateway Protocol se ha hecho recientemente un lugar importante en los temas del programa de estudios de CCNA. En los escenarios con un solo hogar o single-homed, se cubre el BDP externo IPv4. .Sin embargo, eBGP es el uso de BGP entre empresas e ISP.

Si discutimos los escenarios de Single-homed solamente, se puede encontrar que implican simplemente las conexiones individuales que crean un enlace entre las empresas y el ISP. Sin embargo, para este tipo de operaciones, la configuración y verificación de eBGP también se encuentran aquí, pero no es necesario tener un conocimiento profundo de ello. Sólo algunas configuraciones básicas y un poco de conocimiento sobre los comandos 'show' y ya está todo listo.

VPNs de Internet

Las VPNs de Internet utilizan Internet, donde VPN significa Virtual Private Network o Red Privada Virtual. Es una red más económica que a veces se considera como una red potencialmente arriesgada. La gente utiliza una VPN porque ofrece una conexión privada a los sitios y todo lo que el usuario navega en Internet a través de la red, se mantiene privado. Por lo tanto, en los exámenes, te pueden preguntar sobre los conceptos relacionados con la VPN y por ello debes estar preparado con estas cosas adicionales. Tales como-

GRE (Generic Routing Encapsulation)- Toda la discusión de VPN para CCNA R&S comienza con GRE, durante la presentación del examen CCNA, se cubrirán más detalles sobre él. Por eso, te recomiendo dedicar tiempo a los conceptos de GRE con total atención, para que las intrincadas preguntas del examen no te confundan. Mejora tu comprensión de las ideas relacionadas con la configuración, la verificación y la solución de problemas con los túneles GRE y siéntete cómodo con GRE. Es la base de las tecnologías VPN. Por lo tanto, presta atención a este concepto más crucial aprender mejor sobre la Red Privada Virtual.

DMVPN- GRE no es la solución más recomendable cuando se trata de conectar varios sitios. GRE es sólo una tecnología Punto-a-punto, por lo que no se puede considerar como la forma correcta de ir cuando se trata de muchos sitios. Por lo tanto, además de GRE, la gente utiliza DMVPN (Dynamic Multipoint VPN) para conectar varios sitios o construir una gran red VPN.

Sin embargo, otro punto notable es que DMVPN es una parte de la tecnología de Cisco que incorpora NHRP (Next Hop Reachability Protocol) multipunto y GRE, también conocido como mGRE. DMVPN está pensado específicamente construir una VPN Multipunto Dinámica y debes cubrir más información en tu certificación CCNA R&S porque es un tema que siempre te ayudará en la vida real. Y lo mejor de aprender VPN a través de la certificación CCNA es que también cubrirás los conceptos de DMVPN de nivel superior.

PPPoE- En las discusiones anteriores, hemos aprendido sobre PPP (Point-to-Point Protocol) y entendido cómo se utiliza para construir

WANs. ¿Pero qué es PPPoE? Es para otros tipos de acceso a Internet. Por ejemplo - DSL (Digital Subscriber Line o Línea de Abonado Digital). PPP se extiende usando Ethernet y así es como lo denotamos como 'PPP sobre Ethernet'. Sin embargo, sus parámetros de trabajo para PPP son también notables. Por ejemplo, mientras que el desplazamiento de PPP dentro de Ethernet a través de la interfaz de Ethernet, PPPoE mantiene todas las características brillantes de PPP. Puede sonar un poco complicado, pero cubrirás más una vez que comiences la preparación CCNA.

Calidad de Servicio

En pocas palabras, también se puede llamar QoS, que se refiere a algunas técnicas fantásticas que son ampliamente utilizados por los dispositivos de red. Su objetivo es gestionar los paquetes de datos para ofrecer servicios de red excepcionales.

En los exámenes, las preguntas relacionadas con la QoS son frecuentes. Por eso debes saber que la QoS también gestiona el ancho de banda, el retardo y la pérdida de paquetes tanto en routers como en switches a través de herramientas.

Al igual que aprendes los conceptos básicos de todos los temas anteriores, del mismo modo, aprenderás los conceptos fundamentales de QoS y deberás ser capaz de describirlos bien en el examen CCNA R&S.

Además de todos estos puntos, en el examen CCNA, prestarás más atención a los siguientes de QoS:

Clasificación y Marcado

Una clasificación describe un paquete según su material de contenido, como la celda, la trama y encabezado del paquete. Por otro lado, las Herramientas de Marcado garantizan una clasificación más difícil al cambiar los encabezados. La mayoría de las herramientas de QoS clasifican el tráfico, lo que a su vez garantiza que cada clase de tráfico reciba el mejor tratamiento de las clases adicionales a un nivel diferente.

En la terminología de la QoS, estas clases de tráfico también se conocen como clases de servicios. Sin embargo, el marcado establece una forma para las herramientas de QoS soporten la transformación de los bits en el encabezado del paquete, ya que proporciona una idea a las herramientas de QoS de los servicios que deben proporcionarse a este paquete. Por ejemplo, facilita que la herramienta de clasificación reconozca mejor los paquetes de datos y diferencie un paquete de voz.

Manejo de la Congestión (Colas)

Ahora, un dispositivo de red decide a dónde reenviar ese paquete una vez que lo recibe después de estos procesos. Posteriormente, envía el paquete a su destino. El marcado ayuda a los dispositivos de red a mantener el paquete en una cola, ya que a menudo la interfaz de salida está demasiado ocupada al enviar estos paquetes.

De este modo, hasta que la interfaz de salida esté libre, el paquete se queda a salvo en la cola. Y para que este proceso sea más fluido, las técnicas de manejo de la congestión suelen utilizar estos paquetes y dar un flujo perfecto al proceso.

Shaping y Policing

Cuando los datos fluyen a través de una interfaz, para mantener la tasa de bits en paralelo o a un valor configurado, se utilizan técnicas de Shaping y Policing. Ambas técnicas forman parte de la QoS y controlan correctamente la tasa de bits de los datos, pero hay que recordar que tanto el Shaping como el Policing restringen la tasa de bits utilizando dos técnicas diferentes. Por un lado, el Shaping mantiene el paquete en las colas, mientras que por otro lado, el policing ejerce el descarte de paquetes.

Evitar la Congestión

Otra técnica de QoS es la Evitar Congestión, que descarta algunos paquetes y recorta la pérdida de paquetes para algún propósito específico. Aunque, esta técnica funciona principalmente con conexiones TCP solamente.

Estos fueron algunos de los conocimientos más básicos que debes tener al comenzar la preparación en CCNA. Ten en cuenta que el PPP requerirá mucha atención. Tendrás que entender primero los conceptos básicos de HDLC y luego dedicar más tiempo a PPP porque es uno de los temas enfocados y de abajo hacia arriba debes estar bien familiarizado con cada punto central.

Por ejemplo, los conceptos de PPPoC deben estar bien preparados. Debes sentirte cómodo en el proceso minucioso de configuración, verificación y solución de problemas de PPPoE, ya que puede afectar significativamente a tu puntuación en el examen CCNA. No te olvides de GRE y tómate tu tiempo para entender los conceptos de QoS. Será la piedra angular de tus conocimientos sobre las distintas técnicas de paquetes y tampoco debes olvidar echar un vistazo al reto de la serie de conceptos básicos.

Una vez que hayas terminado de practicar todos estos temas, puedes considerar que estás bien preparado para el examen CCNA hasta cierto punto, ya que estos cinco temas cubren algunas de las discusiones más críticas. Después de esto, también puedes encontrar la mayoría de las preguntas útiles profundizando en las tecnologías WAN.

Capítulo 9

Cómo Prepararse para el Examen CCNA de Servicio de Infraestructura

Quieres dominar el examen CCNA; por lo tanto, este capítulo debe ser el más crítico en tu lista. En este capítulo, cubriremos detalles puntuales sobre las redes de producción y cómo gestionar los servicios de infraestructura. También llegarás a saber cómo mantenerte productivo en la red compleja. Aparte de esto, también conocerás los diversos problemas que surgen en estas redes si acabas haciendo las cosas mal. Cada capítulo de CCNA da rienda suelta a temas relevantes para la industria porque todo lo que Cisco proporciona en su certificación está bien probado y se observa en tiempo real.

Al igual que otros capítulos, es un tema importante. A través de este capítulo, vamos a averiguar las diversas cosas esenciales para recordar durante la sección del examen 'CCNA routing and switching' – preparación de los servicios de Infraestructura. Así que vamos a empezar –

¿Qué Porcentaje del Examen CCNA Tiene Preguntas de Servicios de Infraestructura?

Como hemos discutido en los capítulos anteriores, alrededor de 60 a 70 preguntas entran en el examen. Del mismo modo, si hablamos de qué porcentaje del examen CCNA abarca los servicios de Infraestructura, como en el capítulo anterior "Tecnologías WAN", el posible porcentaje de preguntas de esta sección es del 10%. Esto significa claramente que puedes esperar entre 6 y 7 preguntas de este capítulo. Pero recuerda que cada nota es significativa. Aunque este capítulo te proporcionará menos puntuación, debes prestarle especial atención porque te introduce en algunas experiencias reales que te proporcionan una visión única. Aquí puedes revisar los pasos para la preparación y decidir por dónde comenzar.

Temas Cubiertos en los Servicios de Infraestructura

Esta sección de la certificación CCNA contiene los cinco temas más importantes, que incluyen -

1. Protocolo de Control Dinámico de Host (DHCP)

2. Servidor de Nombres de Dominio (DNS)

3. Traducción de Direcciones de Red (NAT)

4. Protocolo de Enrutamiento en Espera en Caliente (HSRP)

5. Protocolo de Tiempo de Red (NTP)

Protocolo de Control Dinámico de Host o Dynamic Host Control Protocol (DHCP)

El DHCP, Dynamic Host Control Protocol o en español Protocolo de Control Dinámico de Host es el tema más valioso que no debes ignorar bajo ninguna circunstancia. En este tema, se cubren algunos conceptos avanzados que pueden llevarte tiempo adicional, pero al final entenderás el valor de los conceptos.

Sin embargo, esto se debe a que en la tecnología hay un montón de cosas de conocimiento para tener una visión profunda. Las documentaciones pueden parecer bastante enormes, pero los pasos generales de configuración te mantendrán comprometido con este tema.

Para entender mejor este tema, primero tendrás que echar un vistazo a los clientes y servicios DHCP. Tendrás que averiguar sus diferentes funcionalidades, como tendrás que descubrir todo lo relacionado con sus puertos o protocolos.

Cliente DHCP – El cliente DHCP soporta los dispositivos de Cisco para ejecutar efectivamente su tarea en varios parámetros para la Configuración de Solicitud de Host – por ejemplo- DHCP sirve a una dirección IP.

Si se habla de la operación del cliente DHCP, entonces se debe entender el marco y cómo el cliente DHCP pasa la información para la configuración a través de él. La intención de seguir este proceso es alojar esa información en una red TCP o IP.

En resumen, para concluir, el cliente DHCP no es más que un Host de Internet que está utilizando el Protocolo de Configuración Dinámica de Host para que pueda obtener fácilmente los parámetros de configuración como la dirección IP.

Sin embargo, un cliente DHCP también puede obtener ofertas de varios servidores (servidores DHCP). Aun así, a la hora de seleccionar un cliente, a menudo sólo se acepta la primera de todas esas ofertas, aunque un cliente puede aceptar cualquiera de las ofertas recibidas.

Aun así, la oferta recibida del servidor DHCP no siempre es segura para asignar direcciones IP al cliente. Aunque, el cliente también puede solicitar la dirección IP formalmente en caso de que el servicio esté reservado.

Más tarde se realizan algunas peticiones formales entre la dirección IP y los servidores DHCP. Descubrirás todas estas cosas una vez que eches un vistazo en profundidad a los capítulos. Todo el tema se vuelve más interesante en cada paso una vez que descubras la ejecución real de todo el proceso.

Servidor DHCP – El Servidor de Configuración Dinámica de Host o Dynamic Host Configuration Server, construye un camino para que la dirección IP llegue a los dispositivos del cliente automáticamente. Se puede hacer a través de cualquier parámetro de red o configuración por defecto que también puede responder a las consultas de los clientes en la emisión.

A través del servidor DHCP, se hace posible un flujo de comunicación de red sin fisuras y la red requerida llega efectivamente a los clientes.

Si se excluye este proceso, el administrador de la red tendrá que poner un esfuerzo adicional y todo el proceso debe hacerse manualmente. Y eso no es una gran opción en redes masivas.

Al expirar la dirección IP del cliente, los servidores DHCP asignan frecuentemente una nueva dirección IP. Muchas empresas utilizan DHCP para IPv4 e IPv6.

Aparte de estas discusiones, tendrás que sumergirte en más detalles relacionados con los servidores DHCP y las direcciones IP. Eso incluye qué cosas señalan el conflicto en las direcciones IP y cómo comprobar las direcciones IP asignadas a través de DHCP, si hay duplicados o no, lo que ocurre a menudo en las direcciones IP.

En pasos posteriores, debes aprender mucho más sobre las operaciones así como la configuración. También viene con límites, como la configuración de un router, lo mucho que debe hacer como un servidor DHCP.

Junto a esto, presta atención a las opciones adicionales para dirigir más cosas, como dirigir la capacidad de alcance en la región exterior de la subred local.

No olvides reconocer algunos de los parámetros obligatorios y valores por defecto que DHCP utiliza en varias operaciones; obtendrás esta información cubriendo elementos adicionales en el capítulo. Deberás seguir la información obtenida si los parámetros no están configurados en general.

Independientemente del cliente DHCP y del servidor DHCP, un dispositivo puede ser cualquier cosa, como el relé DHCP. Por lo tanto, en tales situaciones, tendrás que abordar la configuración relacionada con los dispositivos (como el relé DHCP), de manera significativa; también depende de la ubicación del cliente en una red específica donde el dispositivo se puede aplicar.

Por otro lado, cuando un administrador se encuentra con problemas relacionados con la solución de problemas en DHCP y cómo manejarlo, debes entender tales conceptos. Este capítulo es más sobre soluciones a problemas particulares.

Eso incluye averiguar cómo comprobar los fallos en la asignación de direcciones. Como se mencionó anteriormente, se requerirá verificar los conflictos si hay alguno en las direcciones IP.

Entender las diferentes operaciones de DHCP. Junto con esto, también se requiere que entiendas cómo configurar un dispositivo en particular si quieres hacerlo funcionar como un servidor de Protocolo de Control Dinámico de Host.

Ya que es una de las secciones más importantes, prepárate con mucho tiempo de laboratorio y luego comienza a explorar todo lo relacionado con las funciones de DHCP.

Funcionamiento del Servidor de Nombre de Dominio o Domain Name Server (DNS)

¿Qué es el DNS? ¿Cómo se resuelven los nombres utilizando el DNS? Presta atención a todos estos detalles y comprende brevemente cada concepto básico. Explora el uso de UDP (User Datagram Protocol) y

TCP (Transmission Control Protocol), los protocolos de Internet ampliamente utilizados.

Desde la construcción de una tabla de hosts la configuración de los dispositivos, en este tema se te presentarán varias operaciones, incluyendo el servidor DNS.

Trata de profundizar en cada cosa y allí conocerás la utilización de la caché para mejorar el rendimiento de la resolución de nombres.

En las discusiones posteriores, te encontrarás con los diversos puntos que describen cómo dar una serie de nombre de dominio y cómo utilizar el servidor DNS a través de configuración del dispositivo.

Además, para obtener esta información, se requerirá que tengas una comprensión de los nombres de host para identificar un dominio por defecto para ello. Tendrás que familiarizarte con la búsqueda de DNS en una interfaz específica, por ejemplo, cómo y cuándo habilitarla.

En el programa de estudios de CCNA, ha hecho especial hincapié en el manejo de los inconvenientes de solución de problemas. Del mismo modo, en el cliente de Arquitectura de Red Digital (DNA), se te pedirá que obtengas un amplio conocimiento de dichos problemas asociados a la solución de problemas.

En pocas palabras, tendrás que abordar el punto desde el que se origina principalmente un problema. Además, tendrás que maximizar tu capacidad de detección, ya que tendrás que descubrir si el problema está relacionado con el servidor DNS o con el cliente.

En el servidor DNS, es posible que el servidor DNS o no esté apuntando, no esté configurado o no sea alcanzable. Sin embargo, no es un proceso demasiado complejo, pero tendrás que desarrollar una visión maestra sobre el tratamiento de los problemas.

Puedes recurrir a la ayuda de la prueba de laboratorio para los comandos de prueba y explorar la documentación para facilitar la sección de DNS. Si sigues estos pasos, encontrarás muchos puntos valiosos que podrás utilizar en tu examen.

Traducción de Direcciones de Red o Network Address Translation (NAT)

Este tema te llevará más tiempo y necesitarás un estudio adicional porque tendrás que memorizar y entender varios nombres de NAT.

Del mismo modo, tendrás que entender el NAT dinámico, el Nat estático y la Sobrecarga y averiguar el momento ideal para su uso. De este modo, obtendrás la respuesta correcta para cada pregunta relacionada.

También tendrás que asegurarte de recordar las direcciones particulares locales/globales, interiores o exteriores. Así durante el examen, es más probable que sepas la respuesta.

Será mejor que tomes la ayuda del Laboratorio porque no hay estrategias y pasos particulares que prometan hacer más fácil el NAT. En la configuración de NAT, sea del tipo que sea, el Laboratorio es la única forma de esperar un poco de ayuda.

Sin embargo hay que tener en cuenta que pasar por alto incluso un pequeño punto perjudicará las características. En otras palabras, puede crear problemas innecesarios entre la interfaz, no importa desde el interior o el exterior y solo un simple interruptor es suficiente para hacer eso.

Aunque, para saber si NAT está funcionando idealmente o no para la solución de problemas y operaciones, se utilizan los tipos de comandos show y depuración. Esto proporciona información relevante relacionada con el problema. Al mismo tiempo, de esta manera, también se puede obtener la mejor solución posible para corregirlo.

En la falta de una base sólida, específicamente el conocimiento sobre el proceso de trabajo de NAT, contribuirá a la salida no relacionada del comando.

No obstante, si hablamos de la preparación CCNA, entonces la base sólida es necesaria para cada principio y concepto crítico. En comparación con otros temas, esta sección puede requerir una amplia atención.

Al fortalecer la base, estarás mejorando tu poder de memorización y en el examen, esta base sólida te proporcionará soluciones instantáneas.

Protocolo de Router en Espera Caliente o Hot Standby Router Protocol (HSRP)

Después de repasar los temas anteriores, ahora es el momento de explorar HSRP-Hot Standby Router Protocol o el Protocolo de Router en Espera Caliente. Es uno de los primeros protocolos del que se encuentra abundante información en su contexto.

Incluso puedes echar un vistazo a la documentación oficial de Cisco, donde todo lo relacionado con HSRP está bien documentado para obtener más información.

Numerosos escenarios han sido discutidos en la documentación, como también puedes saber sobre el despliegue del protocolo.

Para proceder correctamente, debes conocer en detalle cómo funciona el protocolo y tener una visión profunda de su disponibilidad. En los temas tratados en los capítulos anteriores, debiste haber aprendido todo sobre él.

También debes conocer bien el formato de HSRP y la dirección MAC Virtual, por no hablar de los estados del protocolo. Aparte de esto, debes conocer la configuración mínima requerida para HSRP y lo que concluye – los resultados después de la aplicación de la configuración por defecto.

Junto con esto, debes saber sobre el valor por defecto de los parámetros específicos. Después de todo, la redundancia es el objetivo principal del protocolo.

Por ejemplo, hay que saber cómo funciona un dispositivo concreto en caso de fallo del router activo y los pasos de recuperación que hay que seguir para que el dispositivo vuelva a funcionar. Sin embargo, la nueva versión del protocolo ha sido lanzada, así que no olvides comparar y contrastar HRP y HSRPv2.

¿Cuál es el proceso para obtener el equilibrio de carga utilizando HSRP? Y cómo considerar el formato de las direcciones MAC virtuales; debes reconocer todas estas cosas si quieres dominar en el examen CCNA.

Debes estar familiarizado con las salidas de HSRP, ya que te asegurará la verificación perfecta. Por ejemplo, con la ayuda de HSRP, puedes conocer el valor del temporizador, la activación del dispositivo y qué cosas exigen mayor prioridad.

Sobre todo, en ambos routers para la solución de problemas, se requerirá la identificación de las direcciones IP virtuales para asegurarse de que son idénticas; también hay que asegurarse de que las versiones HSRP y los grupos HSRP son idénticos en un par de dispositivos.

Sin embargo, si resumimos todo, verás que todos los conceptos giran en torno a la verificación y la solución de problemas. Por lo tanto, estas son las cosas más valiosas que debes tener en cuenta. A través de la configuración mínima, puedes obtener el protocolo respectivo siguiendo el curso de acción correcto.

Una vez más, puedes utilizar la ayuda del LABORATORIO para saber cómo se comunican los dispositivos entre sí y mantener un registro. Al mismo tiempo, también llegarás a conocer las detecciones de fallos y cómo identificarlos.

Protocolo de Tiempo de Red o Network Time Protocol (NTP)

Por último, está el tema más sencillo, pero no lo tomes a la ligera, porque es otra sección esencial del examen.

Aun así, siempre tendrás que prestar especial atención a las preguntas de NTP porque durante el examen te harán preguntas de esta sección de CCNA y muchos alumnos suelen olvidarse de ella.

En primer lugar, se requiere que te familiarices con los modos de NTP para que puedas asegurarte de que el router puede trabajar con él o no. Al mismo tiempo, para actuar como un servidor NTP, debes saber lo que el router exige más, especialmente cuando una fuente de reloj externo está ausente.

Los Routers y Switches Cisco utilizan principalmente tres modos NTP, que debes saber:

1. Modo de Servidor NTP.

2. Modo cliente NTP.

3. Modo activo simétrico NTP.

El modo activo simétrico NTP es el punto significativo en el que debes centrarte. Este modo se utiliza explícitamente entre dos dispositivos NTP. La intención de hacerlo es para que los dispositivos se sincronicen fácilmente entre sí. En otras palabras, es un mecanismo que facilita la copia de seguridad cuando hay una falla con el servidor NTP (Externo).

Aunque, junto a estas operaciones, también hay que prestar atención a la autenticación sobre NTP. Del mismo modo, también hay que reconocer los pasos necesarios para la configuración. Todas estas cosas jugarán un papel crucial en el aumento de tu comprensión de este tema CCNA.

Mientras tanto, también debes aprender los pasos para configurar el dispositivo, como un cliente NTP o un servidor NTP. Es probable que recibas preguntas sobre esto, especialmente en el contexto de la sincronización del dispositivo y la asociación con el servidor NTP y la definición detrás de la distancia del reloj de la fuente NTP al dispositivo.

En comparación con otros temas, como se ha comentado anteriormente, tendrás que esforzarte un poco menos porque la documentación de apoyo puede hacer que la preparación sea relativamente más cómoda.

Presta atención a todos los métodos de configuración, verificación y solución de problemas, porque será la base de estos temas. Más que a la teoría, presta mayor atención a la aplicación práctica. En última instancia, puedes sentirte seguro de los servicios de infraestructura CCNA.

Capítulo 10

Cómo Prepararse Para el Examen CCNA de Seguridad de Infraestructura

En las operaciones de red actuales la seguridad se perfila como el área más crítica en la que centrarse. Del mismo modo, este capítulo arroja luz específicamente sobre los diversos aspectos esenciales que también te proporcionarán el éxito en la vida real. Usted también está familiarizado con la evolución de los ataques de los atacantes. Ellos innovan diariamente nuevas formas de amenazas y de violación de datos y las introducen con malas intenciones en la industria de las redes para crear disturbios y robar datos valiosos. Del mismo modo, para proteger a la industria de este tipo de problemas crecientes, Cisco ha creado soluciones que descubrirás en este capítulo.

Junto con la preparación para el examen CCNA en seguridad de infraestructuras, como las preguntas que suelen venir, las notas necesarias para aprobar este tema, etc., descubriremos la posible solución a este tipo de problemas. Así que empecemos.-

¿Qué Porcentaje del Examen CCNA Tiene Preguntas de Seguridad de Infraestructura?

De este tema (CCNA Infrastructure Security o Infraestructura de Seguridad CCNA), puedes esperar rápidamente alrededor de seis a ocho preguntas de un total de 60-70 preguntas. Según la documentación oficial de Cisco, el 11% del examen gira en torno a este tema. Así que puedes prepararte mejor para el próximo examen CCNA. En este capítulo cubriremos algunos de los temas esenciales para la seguridad de infraestructura.

Discutiremos todo lo relacionado con las técnicas para la mitigación de la capa de acceso, la seguridad de los puertos las listas de control de acceso a ACLs, el AAA para la seguridad de los dispositivos y el endurecimiento básico de los mismos.

Temas Cubiertos en la Seguridad de Infraestructura

1. Configurar, Verificar y Solucionar Problemas de Seguridad de Puertos

2. Configurar, Verificar y Solucionar Problemas de la Listas de Acceso de IPv6 e IPv4

3. Técnicas para la Mitigación de Amenazas en la Capa de Acceso

4. Endurecimiento Básico de Dispositivos

5. Seguridad de los Dispositivos Usando AAA

Configurar Verificar y Solucionar Problemas de Seguridad de Puertos

Uno de los asuntos más cruciales de la discusión, la 'Seguridad de puertos' en el tema CCNA de la seguridad de infraestructura te proporciona un amplio conocimiento de cómo se asegura la red. Pero antes de profundizar en el conocimiento de lo que hace exactamente la Seguridad de los Puertos, es necesario saber qué es.

Lo primero que debes aprender en Seguridad de Puertos es la red. Y después de la activación de la Seguridad de Puertos, saber acerca de los métodos o técnicas que proporcionan el acceso del host a la red en particular.

No te olvides de comparar y contrastar cuestiones siempre que sea posible, ya que garantiza la facilidad para memorizar estos aspectos. Posteriormente, cuando se trata de asegurar la dirección MAC (Media Access Control Address), tendrás que aprender y recordar los métodos de configuración manual.

Sobre un puerto en particular, debes tener una comprensión clara relacionada con el número de direcciones MAC con la especificación exacta. Junto con esto, también debes ser lo suficientemente competente para hacer frente a diversas cuestiones que vienen en las direcciones MAC, como la razón detrás de Sticky MAC y necesitas saber sobre el efecto en la configuración del switch.

Sin embargo, después de pasar por estos pasos de configuración y verificación, tendrás que entender cómo lidiar con los problemas o el acceso no autorizado que afecta directamente a la red.

Y para obtener la solución de tales problemas, primero tendrás que aprender sobre los intentos realizados antes del acceso no autorizado. ¿Qué ha motivado las acciones de violación? Esto creará un mapa para que puedas explicar el rendimiento del switch con el Puerto.

Al abordar estas tres acciones de violación, te encontrarás con el punto final para descubrir la intención detrás de estas acciones.

Aunque, se requerirá que prestes especial atención a las direcciones MAC máximas en sus valores por defecto y qué tipo de violación fue cuando se habilitó la configuración de la seguridad mínima del puerto en el puerto.

Por otro lado, si estás en el paso de la Configuración de la Seguridad de Puerto, asegúrate que el Puerto tiene un puerto de acceso; de lo contrario, no hay forma de habilitar la seguridad del puerto. Para obtener información más detallada, también puedes obtener el Estado de Seguridad del Puerto mientras realizas la verificación, como identificar el nivel de seguridad del puerto, ya sea a nivel de interfaz o de switch.

Sin embargo, en la mayoría de los casos los problemas de seguridad de los puertos provienen de errores humanos. Pero estos son sólo problemas comunes en comparación con otros que se originan por accesos no autorizados.

Si hablamos de errores humanos, entonces puede ocurrir principalmente porque las direcciones MAC exceden el límite requerido. Por otro lado, puede ocurrir en el caso de direcciones MAC escritas incorrectamente.

Paralelamente, se recomienda comparar y contrastar la salida operativa con la configuración de la interfaz cuando se solucionan los problemas, ya que este tipo de cuestiones están directamente relacionadas con la seguridad de los puertos.

Del mismo modo, otro de los elementos más necesarios para la cuestión de la seguridad del puerto es que debes saber acerca de la violación de apagado de la interfaz, tales como en qué estado se configuró la violación en el puerto. Así mismo, tendrás que aprender cómo deshacerte de este estado.

Configurar Verificar y Solucionar Problemas de Listas de Acceso de IPv6 e IPv4

ACL es un tema crucial de la sección de seguridad de infraestructura de CCNA ya que cada línea que se aprende en este tema es esencial. Así que dale algo de tiempo adicional. Puedes comenzar tu preparación revisando los números de puertos.

Después de esto, puedes continuar con los protocolos y eso es también para las aplicaciones generales, en su mayoría. Sin embargo, esta cosa es esencial porque uno tiene que bloquear algunas aplicaciones particulares cuando se trata de trabajar con ACL.

Sin embargo, en el contexto CLI es también un método corto para obtener los nombres de los puertos y los números de los puertos, pero debes recordar que esto no queda disponible para todo el tiempo.

Por otro lado, debes obtener información sobre las especificaciones de la ACL. Es esencial porque así podrás identificar los tipos de ACL con seguridad. Hay tres tipos de ACL y debes conocer las diferencias entre todas ellas.

Por ejemplo, uno de los tipos de ACLs se basa en las fuentes y por lo tanto filtran en consecuencia. En cambio, si echas un vistazo a otros tipos de ACL, descubrirás que suelen filtrar con Granularidad adicional.

Para los exámenes, debes estar preparado para responder a algunas preguntas típicas, como qué tipo de recursos protegidos se pueden configurar más cerca y cuáles no.

Asimismo, en los conceptos posteriores, tendrás que prestar especial atención a los intervalos de números de ACL y, junto a ello, adquirir conocimiento sobre la asignación de intervalos al tipo particular de ACLs.

Aparte de esto, para el examen, es increíblemente esencial memorizar la falta implícita de una regla de permiso porque esto llevará a una caída del tráfico. Al mismo tiempo, las ACLs también facilitan el acceso a un puerto si sigue el mismo host.

Por otra parte, también se requiere aprender y comprender los conocimientos fundamentales relativos a la red y el flujo de tráfico de la misma. En concreto, se basa en los métodos de construcción de ACL y, sobre todo, en cómo se puede corregir la dirección de la interfaz.

Entre los dos dispositivos, si hay alguna posibilidad de bloqueo en la red, hay que prestarle atención y al mismo tiempo, esforzarse por corregirla utilizando una herramienta de análisis de trazas como APIC-EM.

Aunque, la mayoría de las razones detrás de la solución de problemas de ACLs provienen de reglas de orden mal aplicadas o en el caso de que uno se olvide de la importancia de la misma. Por otro lado, también puede ocurrir cuando el tráfico, independiente que coincida con el requerido se coordine con un número de serie inferior.

En cuanto a la fijación de ACL a la interfaz, aquí se requiere que se preste atención adicional a la misma. Una ACL inexistente es fácil de adjuntar con un simple error tipográfico que al mismo tiempo puede dar lugar a un comportamiento imprevisto.

Técnicas de Mitigación de Amenazas en la Capa de Acceso

Este tema muestra una especial preocupación por la restricción de la red sólo a los dispositivos de red autorizados. Del mismo modo, para entender a fondo el tema de las técnicas de mitigación de amenazas de la capa de acceso, tendrás que anotar el rol de suplicante principalmente. Entiéndelo bien y junto a esto, en el capítulo, también tienes que prestar atención al servidor de autenticación y autentificador.

Además, el DHCP snooping es el siguiente nivel de seguridad, mientras que el dotlx se considera el 'primer nivel de seguridad'. Has aprendido sobre el DHCP en el capítulo anterior. Pero, ¿qué es el snooping detrás del DHCP y para qué sirve? Para entender lo que dicen los mensajes DHCP y en qué paso se produce el intercambio de mensajes entre el servidor DHCP y el cliente DHCP, presta también atención al orden.

Para responder algunas preguntas complicadas que suelen surgir de este tema, tendrás que construir una sólida comprensión en torno a los conceptos que revelan los diversos parámetros de distinción entre la interfaz para dar rienda suelta a la que es de confianza y otra que no es de confianza.

También tendrás que averiguar los dispositivos que son flexibles para usar en esta interfaz (de ambos tipos). Conocer la base de datos DHCP snooping también te aportará más conocimientos. Es otra cosa esencial y tú debes captar una fuerte compresión de la misma.

Sin embargo, otra intención principal detrás de prestar especial atención a este tema es que entenderás los conceptos de DHCP y dotlx más brevemente. Aunque la configuración de estos conceptos de DHCP y dotlx no forma parte del examen CCNA, te proporcionará algunos conocimientos adicionales, ya que la mayoría de las secciones de servicios de infraestructura giran en torno a estos conceptos o se relacionan con ellos.

Hardening Básico de Dispositivos

En esta sección, aprenderás sobre el endurecimiento o hardening de la seguridad de los dispositivos. Es un tema de seguridad importante y la mayoría de las preguntas relacionadas con la seguridad provienen de esta sección.

Después de pasar por este capítulo obtendrás muchos puntos de conocimientos, desde los pasos a seguir para configurar el nombre de usuario, incluyendo la contraseña, principalmente para la autenticación local hasta otros temas relacionados. Por ejemplo, en el momento de la configuración – asegúrate de que la contraseña se muestra claramente en texto, ya sea encriptada o no.

El tema te hará experto en averiguar los puntos significativos de las distinciones entre la autenticación TACACS y la autenticación local. En los conceptos relacionados, descubrirás sobre su configuración.

Sin embargo, cuando se trata de los dispositivos, uno debe configurar la autenticación por separado para facilitar el acceso VTY y el acceso a la consola. En este momento, la mayoría de las cosas probablemente sean difíciles de entender, pero una vez que te adentres en el capítulo y te desplaces por cada página, obtendrás un conocimiento profundo de cada concepto.

Seguridad de los Dispositivos Usando AAA

Finalmente, si hablamos de la seguridad de los dispositivos utilizando AAA, necesitarás un conocimiento profundo de los protocolos si quieres aprender esta sección con perfección. Qué protocolo está utilizando UDP y TCP; debes ser capaz de reconocer la cuestión de la distinción entre ambos.

Por ejemplo, uno encripta todo el mensaje mientras que el otro encripta la única contraseña; por eso detectarás esta importante propiedad de Cisco; esta sección de la seguridad de infraestructura gira en torno a todas estas pequeñas cosas.

De forma similar, cuando se trata de la autorización, la autenticación y la contabilidad, que tanto UDP como TCP sostienen de manera más eficaz una separación entre estos tres elementos, tendrás que aprenderlo pasando por este tema.

Sin embargo, si las diferencias son relativamente mínimas en cuanto a la configuración, no hay que tener miedo. El ajuste de la palabra clave Radius con TACACS es una de las cosas específicas que debes recordar.

Simultáneamente, en el proceso posterior, uno puede terminar rápidamente aplicando esta misma lógica en otro protocolo, después de entenderlo completamente.

Después de entender todo lo que se ha descrito a fondo en este capítulo, no deberías demorarte más en practicar y aprender. Estos puntos seguramente aumentarán la posibilidad de capturar cada porcentaje asociado a este tema en el examen CCNA. Así que, ¡vamos a ello!

Capítulo 11

Cómo Prepararse para el Examen CCNA de Gestión de Infraestructuras

Por supuesto, el examen CCNA no es tan fácil de descifrar; necesitarás un esfuerzo adicional, recursos de estudio adicionales y una guía descrita de forma exclusiva. Todas estas cosas te proporcionarán con seguridad los resultados deseados si te dedicas a conseguir la certificación CCNA de Cisco. En los capítulos anteriores, se te han presentado varios parámetros de temas asociados a los exámenes CCNA. Desde los fundamentos de redes hasta el protocolo, el routing, el switching y las diversas tecnologías, has explorado muchas ideas perspicaces y ahora, hablaremos de otro tema esencial 'Servicio de Gestión de Infraestructura'.

Descripción

Gestión de Infraestructura – estas palabras apuntan parcialmente a la Infraestructura de la Red, que se refiere a los enlaces de amalgama utilizados para los dispositivos de unión (como LAN y WAN), routers y switches. El concepto de gestión de infraestructura destaca explícitamente las herramientas y los protocolos utilizados para la solución de problemas y el 'mantenimiento de la red' a 'diario'.

Del mismo modo, mientras te preparas para CCNA R&S, observarás que en la gestión de infraestructura se introducen muchas tecnologías bajo el mismo estándar.

Sin embargo, descubrirás que las tecnologías son diferentes hasta cierto punto, pero siguen compartiendo temas comunes. Sin ninguna tensión relacionada con el seguimiento del estudio secuencial, entenderás este tema de CCNA con mayor eficacia; además, si estás estudiando de forma independiente, este tema te parecerá más accesible que los demás.

¿Qué Porcentaje del Examen CCNA Tiene Preguntas de Gestión de Infraestructura?

Vas a iniciar la preparación en la gestión de infraestructura para obtener el 10% de este examen en particular. De 60 a 70 preguntas, tendrás que responder de 6 a 7 preguntas, especialmente de este tema. Al igual que los demás, este tema también tiene sus propias especificaciones y por lo tanto, es imperativo estudiar este tema y maximizar su comprensión.

En este capítulo, obtendrás una visión de la Gestión de Infraestructura - no es de extrañar que sea uno de los temas más importantes porque incluye más conocimientos prácticos. Todo lo que estudiarás en este capítulo te ayudará directamente a entender la red de producción y a manejarla de forma más productiva. Este tema revela a os alumnos algunas herramientas y conceptos demasiado brillantes.

Temas Cubiertos en la Gestión de Infraestructura

La lista de herramientas esenciales sobre las que trata este tema de CCNA se indica a continuación-

1. IP SLA

2. Protocolos de Monitorización

3. Gestión de Dispositivos

4. Herramientas de Solución de Problemas

5. Mantenimiento de Dispositivos

6. Programación de la Red

IP SLA

El IP Service Level Agreement, o en siglas, IP SLA es una herramienta que se puede encontrar en los routers de Cisco. Permite al usuario configurar rápidamente las operaciones de una red que trae la automatización en el procedimiento de trabajo para transferir el tráfico de la sonda sintética en esa red 'muy fácilmente'. Sin embargo, los routers también pueden informar y medir la disponibilidad de la red y el rendimiento de la red, si es necesario. CCNA cubre las operaciones eco-basadas (ICMP) de IP SLA.

Protocolos de Monitorización

CCNA cubre principalmente estos dos protocolos de monitorización indicados a continuación:

1. Syslog

2. SNMP

Syslog

"Logging" y "Syslog" se denotan principalmente como estándares de registro de mensajes y ambos son la misma cosa. Al pasar por la sección de gestión de dispositivos, aprenderás más sobre esta sección de temas CCNA.

SNMP

El Protocolo Simple de Gestión de Redes, particularmente SNMP, es una de las secciones más fundamentales en este tema de CCNA – la Gestión de Infraestructura. En esta sección, se requiere que prestes atención a cada concepto de SNMP. Así que podrías configurar fácilmente ambas versiones, a saber, SNMPv2, así como SNMPv3. Aunque estas dos versiones tienen algunos puntos de distinción significativos que tienen que ver más con las características de seguridad, cuando se trata de diferencias, nunca debes omitir ni siquiera un pequeño asunto.

Gestión de Dispositivos

En la Sección de Gestión de Dispositivos, explorarás la lista de temas que se indican a continuación, tales como -

1. Archivos de Configuración

2. Licencias

3. CCDP y LLDP

4. Loopback

5. Registro

Archivos de Configuración – En Cisco R&S, descubrirás principalmente dos archivos de configuración: el primero es startup-config y el segundo es running-config. Sin embargo, inicialmente tendrás que introducir las funcionalidades específicas 'para cada archivo' – como por ejemplo, ¿qué hace? Aparte de esto, será mejor si obtienes conocimientos de los routers para saber cómo copiar los archivos de configuración desde él y posteriormente, cómo almacenar esos archivos de configuración en el sistema de archivos del dispositivo. Además de obtener el conocimiento de todas estas funciones, debes tener una clara comprensión de la función de IOS. Esto asegurará la restauración y el archivo de configuración del dispositivo sin problemas. Así que presta atención a todos los detalles requeridos y estar bien familiarizado en cada información relacionado con los archivos de configuración.

Licencias – Con el tiempo, Cisco se da cuenta de la necesidad de algo que gestiona de manera eficiente las licencias de routers y switches. Para ellos, Cisco ha introducido múltiples métodos, así. Del mismo modo, en este tema de CCNA, se aprende sobre las licencias. Sin embargo, en CCNA, Cisco se ha centrado principalmente en el método de concesión de licencias PAK, donde PAK significa clave de autorización de producto. Aquí, tendrás que maximizar tu poder de memorización y habilidad para instalar/desinstalar nuevas licencias fácilmente, verificar las licencias actuales, hacer copias de seguridad de los licenciatarios y activar el código de licencia.

CCDP y LLDP

El Protocolo de Descubrimiento de Cisco o Cisco Discovery Protocol y el Protocolo de Descubrimiento de la Capa de Enlace o Link Layer Discovery Protocol se consideran lo mismo. Con la ayuda de estos 'protocolos', se puede obtener rápidamente la información necesaria de los routers y switches más cercanos. Además, no es necesario conocer el nombre de usuario y las contraseñas, que suelen ser necesarios para obtener datos de los dispositivos. Sin embargo, LLDP no solo está soportado por Cisco, sino también por otros proveedores. En cambio, si hablamos de CCDP, sólo los dispositivos de Cisco pueden utilizar este protocolo.

Loopback

En los dispositivos Cisco IOS, la interfaz virtual también se considera interfaz loopback o de bucle invertido. Del mismo modo, se puede crear interfaz loopback utilizado 'el comando (comando de número) de interfaz loopback en el modo de configuración global'. Además de todo esto, se requiere que prestes atención a todas las características dinámicas, incluyendo el uso de la interfaz loopback.

Registro

Cisco alerta instantáneamente al administrador a través de sus dispositivos mediante de registros generados al producirse cualquier problema. Por lo tanto, debes tener el conocimiento de tales 'dispositivos de Cisco,' cómo manejan tales problemas y generan los mensajes. Desde la configuración de los dispositivos hasta el envío del mensaje y cómo es posible el envío del mensaje a diferentes regiones, tendrás que tener conocimientos sobre todas esas cosas.

Debes ser preciso cuando se trata de mensajes de registro, por ejemplo, lleva marcas de tiempo en las que no hay posibilidad de error. Tiene que ser útil y correcto. Sin embargo, en los capítulos anteriores, hemos discutido en comando de ajuste del reloj. Del mismo modo, puedes utilizar su combinación con NTP. De esta manera, podrás mencionar la hora correcta. A través del comando "clock time zone", puedes establecer fácilmente la zona horaria sin ningún esfuerzo adicional.

Mantenimiento de los Dispositivos

Hay muchos productos que entran en la lista de ventas de Cisco que ejecutan diversos sistemas operativos. Sin embargo, de todos esos sistemas, el 'Software IOS' es considerado como el famoso que funciona principalmente en los switches y routers Catalyst LAN. Aparte de eso, en CCNA R&S, también descubrirás varias características de IOS que funcionan tanto en Routers como en Switches, pero de forma idéntica.

Recuperación de Contraseña – Será mejor si tomas la ayuda de la 'documentación de Cisco' para entender mucho mejor la recuperación de las contraseñas. Por lo tanto, obtendrás una breve discusión en ese contexto. En la recuperación de la contraseña, aprenderás cómo recuperar la contraseña de un router perdido y la contraseña de un switch perdido. Recuerda que es una habilidad esencial para las personas que quieren convertirse en un profesional de redes. Así que no te saltes este punto.

Gestión de Imágenes IOS – El software IOS de Cisco incluye archivos monolíticos. Estos archivos son sistemas almacenado, hechos principalmente para el almacenamiento de archivos de dispositivos.

Del mismo modo, cuando se trata de CCNA R&S, entonces debes ser competente en la recuperación o la actualización de los archivos de imagen IOS y aquí tendrás que tomar la ayuda de algunos métodos alternativos.

Herramientas para la Solución de Problemas

A lo largo de tu preparación en CCNA, la solución de problemas será un punto importante a tener en cuenta. Y deberías estar bien familiarizado con lo que es la solución de problemas y cómo ayuda a detectar un problema de red. Ayuda a una persona a eliminar los problemas de red mediante la aplicación de una solución funcional, pero requiere un plan de acción y las herramientas adecuadas de solución de problemas.

Por lo tanto, debes conocer las múltiples herramientas de análisis o proporcionar una solución integrada. Solo después de esto, un administrador de red puede llegar eficazmente al origen principal del problema de la red. Dicho esto, CCNA cubre algunas herramientas básicas de IOS para la solución de problemas. Como -

1. Ping y Traceroute

2. Monitor de Terminal

3. Eventos de Registro

4. SPAN Local

Programabilidad de la Red

Primero necesitas construir una base sólida en la programabilidad de la red y aprender todos los temas clave con un par de consejos prácticos de aprendizaje. En este tema, tendrás que aprender las habilidades fundamentales de programación necesarias, como operaciones, variables, bucles y condicionales. Para los ingenieros de redes de hoy en día, el aprendizaje de la programabilidad de redes es un tema esencial.

De forma similar, en la programabilidad de redes, también aprenderás a comprender los protocolos que utilizan la mayoría de los dispositivos. No olvides obtener conocimientos sobre los comandos necesarios para configurar esos protocolos por dispositivos y lo necesario para añadir el comando de configuración.

Verás todo lo relacionado con la gestión de la red en este tema. Aparte de esto, tu viaje en la programabilidad de la red comenzará con las secciones que se indican a continuación.

1. Función de un controlador

2. Separación para el Plano de Control y el Plano de Datos

3. APIs Northbound (de dirección norte) y Southbound (de dirección sur)

Después de repasar todos estos temas, estarás reservando el 10% de las notas del examen CCNA a tu favor. Del mismo modo, te convertirás en un experto en la comprensión de cada uno de los conceptos de la gestión de infraestructuras y el examen CCNA te resultará fácil de superar.

Desde la vinculación de dispositivos hasta los protocolos utilizados para la solución de problemas, observarás a fondo la gestión de infraestructuras. El Acuerdo de Nivel de Servicio IP SLA, los protocolos de supervisión, las operaciones eco-basadas, Syslog y SNMP son algunos de los conceptos fundamentales que reforzarán tu base en la gestión de infraestructuras.

En la sección de gestión de dispositivos, aprenderás todo lo relacionado con la configuración de los archivos y sobre diversas funcionalidades de cada sistema de archivos. Además, recuerda la característica de IOS, el método de licenciamiento como PAK (Product Authorization Key), etc. Obtén toda la información mencionada en CCDP y LLDP y junto con eso, aprende loopback y registro que maximizará tu comprensión en la gestión de dispositivos.

El resto de las secciones pertenecen al mantenimiento de los dispositivos, las herramientas de solución de problemas y la programabilidad de la red que ayudan a un administrador de red a resolver diversos problemas de red y a establecer una forma de ejecutar la tarea requerida. De este modo, completarás uno de los temas más fundamentales, la Gestión de Infraestructura, que también te guiarán a fondo en el manejo de las situaciones de la vida real en las redes.

Este tema te introducirá con ideas perspicaces y discusiones descritas de manera única. No es de extrañar que, además de aprobar el examen CCNA y obtener la certificación, aprendas muchas cosas para aplicar en las operaciones de red del mundo real.

Capítulo 12

Consejos Valiosos para Ayudarte a Aprobar el Examen CCNA

Has leído este libro sin perderte ni una sola sección. ¡Genial! Pero no te sientas demasiado seguro de que la biblioteca de tu mente está equipada con todo lo necesario para obtener la certificación más valiosa del mundo. De hecho, el examen final puede ser más difícil de lo que esperas.

En el examen pueden aparecer un montón de preguntas complicadas de cualquier parte del temario y serás incapaz de responderlas si no has elaborado un plan estratégico para superar el examen. El examen se convertirá en la peor pesadilla que hayas vivido en tu vida.

Del mismo modo, es bueno que estés seguro de tu preparación. Pero siempre debes tener en cuenta una cosa: que el examen CCNA es diferente a otros exámenes de la competencia. Por lo tanto hemos recopilado este capítulo para presentarte algunos consejos útiles que apoyarán tu esfuerzo para superar el examen CCNA con la mejor puntuación. ¿Cuáles son las cosas iniciales que ejecutarás? Compruébalas repasando este capítulo.

Primera Regla: Conoce Tu Examen

No se trata solo del examen CCNA, sino que para cualquier examen de certificación, es el paso fundamental que debes llevar a cabo porque proporcionará la idea sobre la dificultad del examen a la que te enfrentarás. Sin embargo, es un paso común y no hay nada demasiado interesante en este consejo.

Sí, por supuesto, es algo necesario que todo el mundo conoce, pero nadie se lo toma en serio. No se trata de explorar el cuestionario en el momento del examen. En realidad, se trata de tener una idea de lo que hay en el próximo examen y de las pregunta que pueden aparecer en él. Y para ello, tendrás que contar con la ayuda de los instructores oficiales, los exámenes de práctica, el material de estudio y los temas de examen actualizados que están disponibles en la página web oficial de Cisco.

Toma un resumen del examen de la certificación, el tiempo, los tipos de preguntas que se hacen y no olvides los criterios de aprobación; esto impulsará tu preparación. Además, obtén una visión detallada del porcentaje sobre la pregunta de cada tema. Sin embargo, si te has informado sobre el porcentaje del examen, entonces ya sabes la idea sobre qué tema te va a proporcionar un porcentaje máximo y mínimo.

Crea un Plan de Estudio Personalizado

"La planificación te hace perfecto" y esta frase lo dice de verdad; de lo contrario, tus notas de aprobado bajarán. Si no creas un plan de estudio adecuado y te sientas en un examen es como si sólo estuvieras cavando tu propia tumba y ya está. ¡Piensa con inteligencia! Has trabajado duro y de repente, recibes la noticia de que el examen CCNA de este año es difícil. No es de extrañar que sea una de las cosas que más miedo da, pero para superarlo, un plan estratégico siempre funciona. Una simple lista de tareas puede prometerte resultados exitosos. Las cosas parecerán más organizadas si estás preparado con un plan de estudio personalizado. Ten en cuenta las siguientes cosas.

1. Conoce el tiempo que falta para tu examen

2. Conoce cuánto tiempo tienes que destinar al estudio y qué esfuerzos te servirán.

3. Conoce cuánto puedes gastar en material de estudio (ejemplo, pruebas de práctica)

4. ¿Cuál será el método adecuado para entender esas cosas nuevas?

5. Y lo más importante, hasta qué punto eres consciente del examen y de tu preparación.

Una vez obtenida la respuesta a estas preguntas, debes pasar al siguiente paso.

Tener Experiencia Práctica

La experiencia práctica a veces vale más que los conocimientos teóricos. Del mismo modo, el laboratorio de formación de Cisco u otros dispositivos en línea son las mejores fuentes para obtener experiencia práctica, leer los conceptos, entender su ejecución en la vida real, o la lógica detrás de algo para responder "¿por qué?" Todo esto te ayudará a ir un paso adelante. Si quieres tener éxito en el examen, será la forma correcta de hacerlo posible.

El Router/Switch, la PC, los cables RJ-45, el ISP, la solución de problemas, la configuración y los fundamentos de las redes, son algunas de las áreas críticas en las que tus conocimientos prácticos serán útiles.

Aunque, tu comprensión práctica bien construida de los fundamentos de redes sólo te proporcionarán los resultados adecuados. Recuerda que es el tema más crucial para obtener la mejor puntuación en el examen CCNA.

Utilizar Materiales de Estudio Adecuados

Si buscas el material de estudio eficaz para pasar el examen CCNA, entones tú no puedes dejar de usar el libro de la Prensa de Cisco. No necesitas ir a ningún otro lugar si estás sosteniendo el ICND1 y el ICND 2 (3ra edición). El nivel de comprensión que obtienes para el examen CCNA a través de estos libros no tiene precio. Estos libros funcionan como una guía de referencia rápida para obtener amplios conocimientos sobre los comandos de IOS y otros conceptos fundamentales.

Otro de los mejores métodos que siguen la mayoría de los que obtienen una alta puntuación en el CCNA es unirse al Foro de Certificación Cisco y convertirse en miembro del mismo. No lo olvides. Mucha información, explicaciones, respuestas junto con los mejores consejos se pueden encontrar allí.

Aparte de esto, también se puede pensar en la compra de libros y otros materiales de estudio fácilmente disponibles en línea y cuya demanda es relativamente alta. Pero siempre asegúrate de que la información completa proporcionada en ese material de estudio es auténtica y que contienen todo sobre la preparación de Cisco con la información más reciente. También puedes tomar la ayuda de la formación gratuita que hay en línea, como sabes el mundo de Internet es un centro de conocimiento.

Glosario en los Libros

Los glosarios de los libros son las pequeñas cosas que la mayoría de los estudiantes suelen pasar por alto. Estas breves definiciones suelen convertirse en la columna vertebral de tus conocimientos básicos. Un glosario en un libro añadirá peso a tu respuesta a la pregunta concreta. Serás capaz de entender los problemas con eficacia y de responderlos adecuadamente.

Detecta Tus Puntos Débiles

No te sientas triste; no son una debilidad; de hecho, son preguntas y temas en los que te convertirás en un experto. Cuando una persona puede aprender de sus errores, éstos se quedan para siempre en su mente y es un reto hacerlo simplemente aprendiendo y memorizando sin ejecutar. Es una buena señal si te has equivocado porque es una parte de tu preparación que en el momento del examen te dará resultados de oro.

Práctica con Pruebas Modelo

No pienses en presentarte a un examen sin practicar con una prueba en línea. Es gratis, así que cuanto más practiques las pruebas modelo, mejores resultados puedes esperar. La prueba de práctica para CCNA está fácilmente disponible en línea como un montón de sitios web que ofrecen ya sea gratis o con algún costo para los estudiantes. Hazte una idea de cómo es el examen de Cisco. Conoce si completar el examen CCNA te resultará más fácil o no. Verás los beneficios de seguir este método ya que esto estará revelando información de lo más interesante, que posiblemente desconocías por completo.

Únete a las Comunidades En Línea

Unirse a comunidades en línea siempre añade valor a tu preparación para el examen CCNA. Del mismo modo, junto con el foro de Cisco, debes trabajar tus habilidades necesarias para superar el examen CCNA con las comunidades en línea, especialmente con las que ya tienen una amplia experiencia. Por lo tanto, no es de extrañar que te muevas por el camino correcto. Además, echa un vistazo a las historias de éxito en línea; te mantendrán motivado. Mientras tanto, en tu preparación, si los pensamientos negativos te desmotivan, deberías seguir este paso también, donde puedes pedir referencias y compartir tu estrategia para el examen.

Tiempo para Examinarte – Lo que Quiere Decir Que es Hora de Refrescar tu Memoria

Lee el libro de la Prensa de Cisco y lee aquellos libros de los que puedas obtener la información más valiosa y perspicaz. En la medida de lo posible, relee todo lo que te hará 'la bestia' en el examen. Recupera tu poder mental, rebobina todo lo que has aprendido porque después de unas horas estarás sentado en el examen y darás lo mejor de ti.

La acción de releer te asegurará que vuelvas a recordar los conceptos perdidos. Desde el primer momento, deberías ser capaz de entender todas las preguntas de tu examen. Sin embargo, es mejor que te concentres en el repaso una semana antes. Será el momento más crítico en el que deberás profundizar en el estudio, recordando únicamente lo que has aprendido.

Responde Todas las Preguntas

Es lo mejor del CCNA, ya que te sientes libre del mercadeo negativo al intentar la respuesta incorrecta. Aun así, tu mejor práctica debe ser no intentar ninguna respuesta incorrecta y tratar de no dejar de responder ninguna pregunta. Sin embargo, asegúrate de que no debes temer ser penalizado por no contestar o por contestar mal. Por lo tanto, si algunas preguntas te parecen difíciles o tienes alguna confusión, déjala y ve por la siguiente. Una vez que hayas completado el resto del examen, ahora puedes centrarte en ella. De lo contrario, te consumirá mucho tiempo y responderla bien o mal se convertirá en una preocupación para ti.

Dos Cosas Esenciales a Tener en Cuenta para el Examen CCNA

Ahora ya conoces la estrategia que vas a seguir antes y durante el examen CCNA. Pero antes de eso, anota de nuevo estas dos cosas importantes para mejorar la familiaridad con el examen CCNA.

Naturaleza Exhaustiva

Para obtener la certificación CCNA, primero se te pedirá que cubras todo lo que se menciona en el programa de estudios, porque las preguntas no son fáciles, son exhaustivas y es necesario, entender que estos temas requerirán una comprensión detallada para su mejor ejecución.

Rápido

El examen CCNA consta de 60 a 70 preguntas que tendrás que intentar responder en 90 minutos. Sin duda, será difícil; por lo tanto te mantendrás activo y tendrás que mostrar acciones rápidas, pero con la mente tranquila.

Presta atención a las preguntas que son fáciles de responder y requieren menos tiempo. Concéntrate, olvídate de todo lo demás y sé inteligente porque estos pocos minutos de vida decidirán tu futuro.

¿Cuáles Son las Preguntas Más Importantes Que Se Hacen en la Entrevista CCNA?

Así que, ahora estás bien preparado para el examen CCNA. Pero, ¡espera! No es el final. El verdadero nivel de dificultad comienza a partir de aquí. Supongamos que estás planeando ser una parte del campo de la Administración de Redes. En ese caso, debes estar familiarizado con la responsabilidad asociada a este campo y debes ser capaz de manejar cada nivel de dificultad de forma efectiva.

Del mismo modo, supongamos que hablamos de la entrevista. En este caso, debes ser capaz de responder a cada pregunta porque este paso será la prueba final de tus capacidades y habilidades de aprendizaje que has cultivado a lo largo de tu preparación CCNA mientras abordabas cada tema y sección.

Pero ten en cuenta una cosa – siempre debes estar bien preparado porque no importa si te enfrentas a entrevistas de nivel 1 o de nivel 5. Aunque hayas superado la entrevista de nivel 1, es probable que se vuelvan a plantear las preguntas del nivel anterior, así que asegúrate de que tus conocimientos están presentes en cada paso.

Así que vamos a empezar con una serie de preguntas que te ayudarán a superar la entrevista fácilmente.

Preguntas Más importantes de la Entrevista de Administrador de Redes

La red es un elemento dinámico que ha transformado el mundo y gracias a ella, el mundo moderno actual está asistiendo a un nuevo amanecer de la tecnología. Sin ella, los dispositivos que las personas y las principales industrias utilizan hoy en día de forma productiva podrían ser completamente inútiles. Ha conectado el mundo. Ahora los dispositivos pueden interactuar eficazmente entre sí y han facilitado la vida.

Con el tiempo ha acercado a las personas de todo el mundo. En todos los rincones, la red es dominante. Y cómo funcionan todas estas cosas y los posibles problemas son habituales para entrar en las tareas. Todo lo que se refiere a estas preguntas que has aprendido en tu programa de estudios CCNA y ahora es el momento de recordar todos los conceptos de conocimiento y poner a prueba tu mente y ver si estás preparado con una respuesta o no.

¿Qué es HTTP? ¿Qué Puerto Utiliza HTTP?

HTTP (HyperText Transfer Protocol) asegura la experiencia del usuario y explora el contenido en la web sin ningún problema. También se le conoce como el principal protocolo utilizado por la mayoría de las páginas web, ya que garantiza una fácil transmisión de los contenidos del sitio web. A través de él, la navegación de los enlaces o 'hipertexto' se hace sin problemas, ya que se muestran de la misma manera que se requiere. Sin embargo, el puerto TCP 80 es el Puerto fundamental y el protocolo soporta este proceso. Pero tampoco es esencial porque HTTP trae una variedad de protocolos de carrera en uso.

¿Qué es HTTPS? ¿Qué Puerto Utiliza HTTPS?

Es un HTTP seguro que utiliza la certificación SSL especialmente diseñado para verificar la identidad del servidor que se conecta. Así que un usuario siente la seguridad de que él/ella no va aterrizar en la página equivocada. Si hablamos del puerto de HTTPS, utiliza el puerto TCP 443.

¿Qué es el FTP? ¿Qué Puertos Utiliza FTP?

FTP (File Transfer Protocol) está diseñado para facilitar la transferencia de archivos grandes. Es un protocolo heredado importante con la capacidad de reanudar las descargas, porque en la mayoría de los casos, mientras se descarga un archivo, una interrupción puede causar una perturbación. Por lo tanto, el FTP resuelve este problema. El inicio de sesión estándar y el acceso anónimo no. Sin embargo, debes saber que cualquier persona en el fuego puede olfatear fácilmente las credenciales y eso es un gran problema porque se transmiten en texto claro, lo que también es un defecto de FTP. Por ello, las implementaciones FTPS (FTP con SSL) y SFTP (FTP sobre SSH) solucionan este problema. Además, FTP utiliza dos puertos TCP, el puerto 20 y el puerto 21.

¿Qué es SSH? ¿Qué Puerto Utiliza SSH?

SSH (Secure Shell) es popular entre los usuarios de Linux porque juega un papel importante en el establecimiento de un túnel seguro entre los dispositivos. El dispositivo puede ser de cualquier tipo, ya sea sistema, termostatos, interruptores, tostadoras, etc. Es algo similar al concepto de VPN y tiene la capacidad de crear un túnel para que el programa pase a través de él sin problemas. Sin embargo, este método es eficaz para utilizar 'programas inseguros' de forma segura. Aunque el programa se ejecute en una conexión que no es segura, el método es útil si se utiliza correctamente. SSH utiliza puerto TCP 22 para operar con éxito.

Diferencia entre un Hub y un Switch

Tanto el Hub como el Switch son difíciles de entender cuando se trata de resumir la distinción entre ambos. En la mayoría de los casos, ambos parecen iguales porque hay muchas razones potenciales que los conectan 'entre sí' y para construir una red, tanto el Hub como el Switch son usados para los propósitos necesarios similares. Aunque su función externa es quizás la misma, su función interna (procedimiento de gestión de la conexión) es diferente. Si hablamos del Hub, funciona como un emisor para la transmisión de datos a cada puerto.

Sin embargo, también puede dar lugar a un grave problema de seguridad y la preocupación relacionada con la fiabilidad siempre permanece en la parte superior y la ocurrencia de colisiones de red también es posible. En los puntos de acceso inalámbricos actuales o en los hubs tradicionales, el uso de esta técnica es bastante evidente.

Por otro lado, si hablamos de Switch, verás que establece las conexiones de forma dinámica. Realiza la petición de puerto sólo para obtener la información requerida.

¿Qué es el TCP?

TCP/IP puede parecer un protocolo, pero en realidad no lo es. Aunque, es probable que la mayoría conozcan TCP/IP y lo reconozcan bien. Aun así, cuanto más recuerdes sus cuestiones importantes, mejor. Es una parte del conjunto de protocolos IP, también identificado – Protocolo de Control de Transmisión. Cuando se tratan de describir los protocolos más utilizados hoy en día, TCP es de los primeros, ya que se utiliza en la escala gigante. Sin embargo, la razón es evidente, porque si tomas cualquier protocolo, ya sea FTP, SSH o HTTP, encontrarás el brillo de TCP en él. Antes de la transmisión de datos, TCP crea un enlace entre ambos extremos para facilitar la acción y eso es un beneficio significativo. Aparte de eso, TCP también es útil para saturar los datos si se excede el límite. Por ejemplo, establece un flujo continuo de paquetes de modo que todo avanza en un orden. Aclara todo dónde debe ir el paquete y dónde no. Los sistemas receptores también se dan cuenta del rompecabezas de los paquetes, a pesar de la enorme lista de puertos.

¿Qué es UDP?

TCP o UDP, ambos son similares hasta cierto punto. UDP son las siglas de User Datagram Protocol. Por otro lado, TCP se esfuerza por mantener la conexión con el usuario a través de numerosas funciones.

Sin embargo, UDP es un 'protocolo sin conexión', ya que emite a ciegas sin preocuparse de lo que ocurre en el otro extremo. En comparación con TCP, UDP garantiza una transmisión rápida, ya que TCP requiere un gran esfuerzo para mantener o crear su conexión, cosa que UDP no hace. Aunque para entender mejor la diferencia entre estos dos protocolos, vamos a explicarlo con este ejemplo. Así que para apoyar estas respuestas, puedes considerar que TCP actúa como una radio CB y UDP actúa como una señal de emisión en un televisor estándar. Sin embargo, UDP está pensado para compartir pequeñas ráfagas de información por ejemplo- una solicitud de DNS, ya que la velocidad se considera el elemento esencial.

¿Qué es ICMP?

ICMP es el acrónimo de Internet Control Message Protocol o Protocolo de Mensajes de Control de Internet y se reconoce sobre todo por las herramientas - ping y traceroute. ICMP es una parte de la suite IP- igual que TCP y UDP- que también utiliza el puerto IP1. Sin embargo, las diferentes funciones de ICMP utilizan puertos particulares tanto en TCP como en UDP.

¿Qué es DHCP?

Las implementaciones del Protocolo de Configuración Dinámica de Host varían de un sistema operativo a otro. En palabras simples, es una forma predeterminada que conecta las redes. Cuando una solicitud de direcciones IP se envía desde el protocolo al nuevo sistema miembro, el servidor de esa red la acepta. Del mismo modo, el servidor DHCP describe entonces el tiempo variable que tarda en conectarse la red. Además, si otra red se conecta con el sistema, un servidor de esa red emite una nueva dirección. Por otro lado en la mayoría de los casos, el servidor se vuelve a conectar con la red designada, pero ahora tendrá la misma dirección que tenía antes.

¿Qué son las Clases IP?

Para IPv4, hay cuatro Octetos de números con valores variables que van hasta 255. Es posible que estés familiarizado con esto en el caso de una red comercial o domestica mientras resuelves los problemas de un servidor DHCP o un router. Especialmente en el caso de que estén enviando direcciones en un rango de 192.x o 10.x. Las clases IP se distinguen principalmente por el rango de posibles host, operadas en una red individual. En resumen, cuantas más redes soporte una clase IP determinada, menos direcciones se necesitarán para cada red.

¿Qué es el DNS?

En el momento de la entrevista, si te piden que des un ejemplo de lo que es exactamente el DNS, puedes señalarlo como la guía telefónica de Internet. La importancia del DNS es bastante evidente; después de todo, nadie puede recordar solo una dirección IP, por ejemplo, "158.266.35". Por otro lado, un Sistema de Nombres de Dominio facilita la tarea dando a esa dirección IP un nombre como "ejemplo.com" ya que para un usuario es más fácil recordar un nombre que una dirección IP. Sin embargo, las direcciones IP también pueden cambiar de vez en cuando. Así es como el DNS hace que una dirección IP sea amigable para el ser humano porque, independientemente de los cambios que se hayan hecho en la página web, el nombre del DNS siempre recordará al usuario que está en el destino correcto. Por otro lado, si tomamos un ejemplo de la vida real, veremos los problemas a los que nos hemos enfrentado la mayoría de las veces al buscar un 'número de teléfono' que no tenía nombre y para facilitar las cosas, más tarde le damos un nombre a ese número.

Del mismo modo, la próxima vez que tengas que llamar al propietario de ese número, no buscarás su número, sino que su nombre te asegurará una 'acción rápida'. Así es como el DNS es útil para el usuario. Sin embargo, puede llevar un poco más de tiempo averiguar la nueva dirección, pero al final, las consultas se responderán al instante. Todo el proceso comienza desde tu computadora y tú envías una consulta en ella y antes de recibir la respuesta, tu consulta se conecta con el servidor 13 DNS Root, el servidor DNS del ISP hasta el final de la cadena.

¿Qué es IPX?

Si alguna vez en tu vida has experimentado un juego de PC multi-jugador de los 90, debes saber lo que es el protocolo IPX. IPX es un acrónimo de Internetwork Packet Exchange (Intercambio de Paquetes de Red) y se consideraba uno de los protocolos más ligeros. Sin embargo, con el paso del tiempo su uso disminuyó proporcionalmente en la introducción de TCP/IP porque funcionaba bien con redes pequeñas, pero en el mundo de Internet no escalaba bien. Del mismo modo, en la mayoría de los protocolos, hoy en día no es tan necesario como antes.

¿Qué es Bonjour?

Puede que conozcas que es Bonjour (un programa también conocido como DNS o IPX) si has visto sus efectos con los dispositivos de Apple. Los programas Bonjour se encuentran en todos los Software de Apple (especialmente en iTunes) que son famosos por gestionar las funciones de descubrimiento automático. Mediante el uso de mDNS (siglas de DNS multifunción) en la red, este programa ayuda a averiguar los objetos de difusión y al hacer esto no se necesita ninguna o una mínima configuración.

¿Qué es Appletalk?

Appletalk es un protocolo creado por Apple para gestionar la red sin ninguna configuración o con una configuración mínima cuando se trabaja con Apple. Sin embargo, el uso de este protocolo alcanzó su punto máximo a finales de los 80 y a principios de los 90. Aun así, algunos usuarios lo tienen. Con el tiempo, la mayoría de las tecnologías Appletalk se han integrado con Bonjour, junto con muchos otros software y hardware.

¿Qué es un Firewall o Cortafuegos?

Entre las distintas configuraciones posibles, se encuentra el 'Firewall o Cortafuegos', ya que desempeña un papel integral en la gestión de las redes. En resumen, un dispositivo de seguridad de red que rastrea el tráfico de red, ya sea saliente o entrante. También tiende a bloquear la red en función de algunas condiciones. Puede ser de cualquier tipo, software, hardware o ambos.

¿Qué es un Servidor Proxy?

El servidor proxy establece una vía entre el dispositivo e Internet que proporciona amplia seguridad, funcionalidades y privacidad al usuario. Se parece al servidor DNS hasta cierto punto. Pero los servidores proxy también mantienen registros de 'sitios web en la lista blanca y en la lista negra', para que los usuarios no lleguen involuntariamente a un sitio web malo. Sin embargo, desempeña un papel vital en la supervisión de la web, como garantizar que la información sensible permanezca en el servidor proxy delimitado. Se le puede llamar servidor Proxy Web.

¿Qué es la Máscara Subred?

A través de la máscara de subred, un usuario se hace una idea de las direcciones IP disponibles en la región específica de la 'red'. Si las direcciones IP están dentro de la máscara de subred, se considerará una sección de la red local. Si la dirección IP está fuera de la máscara de subred, no se considerará una sección de la red local. Por lo tanto, en ambos escenarios, la forma de manejar las redes variará. Para el diseño de redes, el usuario debe conocer el cálculo y la utilización correcta de una máscara de subred.

Diferencia Entre un Dominio y un Grupo de Trabajo

- Un dominio tiene una base de datos centralizada, mientras que la colección de grupos de trabajo tiene su propia base de datos local. El dominio se utiliza para facilitar la compartición de datos esenciales.

- Por otro lado, en el grupo de trabajo se realiza un intercambio mínimo debido a la menor seguridad.

- Para las redes empresariales a gran escala el dominio es lo mejor. Para redes pequeñas, como edificios o escuelas, es mejor el grupo de trabajo.

- Para dispositivos extensos, el dominio puede funcionar bien mientras que el grupo de trabajo no, pero puede funcionar mejor para menos computadoras.

- Sin embargo, la recuperación de datos es posible en el dominio, pero es casi imposible en el grupo de trabajo debido al almacenamiento local.

¿Cómo Funciona Tracert? ¿Qué Protocolo Utiliza Tracert?

Tracert, también llamado traceroute, depende del sistema operativo. Ayuda al usuario a monitorizar los routers junto a la cadena de conexión al destino. Del mismo modo, si el usuario no puede llegar al punto designado, con la ayuda de Tracert, se monitoriza la cadena de conexión y cuando se averigua el bloqueo, se detecta el problema. Tracert utiliza el protocolo ICMP.

¿Qué es IDS?

El IDS, conocido como Sistema de Detección de Intrusos o en inglés Intrusion Detection System, también se divide en dos variantes: la primera es el sistema de detección de intrusos en la red. La segunda es el sistema de detección de intrusiones en el host. Sin embargo, ambos sistemas también tienen dos variantes: el primero se basa en anomalías y el Segundo en las firmas. Aparte de esto, hay muchas cosas que se pueden leer en internet o en los foros de Cisco en este contexto.

Las Capas del Modelo OSI

OSI, conocido como Modelo de Interconexión de Sistemas Abierto o en inglés Open Systems Interconnection model, tiene principalmente siete capas diferentes: capa de aplicación, capa de sesión, capa de presentación, capa de red, capa de transporte, capa física y capa de enlace de datos.

Diferencia entre ipconfig e ifconfig

Una de las conexiones de red fundamentales para el Sistema Operativo Windows es ipconfig, también conocida como una herramienta de información y solución de problemas que ayuda a los usuarios a consultar la información actual. Por otro lado, ifconfig es un sistema de Unix/Linux; la utilidad permite el acceso rápido a la conexión de red y toma información. Pero ifconfig permite funciones DHCP, mientras que ipconfig no.

Diferencia entre Powershell, Command Prompt y Bash

Depende del conocimiento que tenga el usuario sobre la distinta interfaz, porque a medida que sube de nivel en la formación CCNA, se empiezan a encontrar muchos puntos de distinción aquí. Estas utilidades también se definen con el nombre de CLI, un acrónimo de Command Line Interface. Implica el acceso directo a algunas utilidades significativas en sus sistemas operativos individuales. Si nos adentramos en lo que son todas estas utilidades, Command Prompt es principalmente una utilidad de ventana, pero se ha ido actualizando con el tiempo. Por otro lado, Bash es un acrónimo del shell Bourne que maneja los sistemas operativos - Unix/Linux. DOS, cmd y Unix están interrelacionados ya que todos se inspiran en los demás en diferentes operaciones. Del mismo modo, si hablamos de utilidad de ventana más reciente - el Powershell, puede identificar simplemente un híbrido de ambos cmd y Bash, pero algunas funciones adicionales Bash.

¿Qué son los Sticky ports o Puertos Fijos?

Los puertos fijos pueden ser un gran dolor de cabeza, pero en su mayoría se consideran útiles para el administrador de la red; así, ayuda al usuario a gestionar una red para que sólo una computadora pueda conectarse con cada puerto. Y las direcciones MAC bloquean el poder en este proceso. Sin embargo, el puerto puede apegarse si cualquier otra computadora también se conecta al mismo puerto.

El Papel de la Subcapa LLC

LLC es un acrónimo de Logical Link Control (Control de Enlace Lógico); igualmente, la subcapa LLC implica un servidor opcional proporcionado a un desarrollador de aplicaciones. La subcapa LLC puede utilizar un código de parada o de inicio para asegurar el control de flujo de la red y también puede presentar corrección de errores.

¿Qué es BootP?

Para las estaciones de trabajo sin disco conectadas a la red, este protocolo funciona como un sistema de arranque. Sin embargo, a través de BootP, las estaciones de trabajo sin disco pueden descubrir efectivamente la dirección IP de la PC o su propia IP.

Ventajas de Switching LAN

- Adaptación de la Velocidad de los Medios

- La migración se vuelve fácil y eficiente

- Transmisión y recepción de datos eficaz

¿Qué es DCLI?

Los Identificadores de Conexión de Enlace o DLCI supervisan la red e identifican los circuitos virtuales.

Diferencia Entre RDP y KVM

Tanto RDP como KVM pueden sonar similares pero cuando se trata del Principio; hay varios puntos significativos que revelan las diferencias críticas entre ellos. En la máquina, el RDP controla las representaciones gráficas, mientras que, con KVM, toda la máquina estará bajo el control de la PC del usuario.

El RDP es solo una ilustración del 'escritorio real' y existe la posibilidad de que el usuario experimente un retraso en el mando. Por otro lado, para el acceso KVM, el usuario no se enfrenta a este retraso. Por ejemplo- sin la ayuda de un 'intermediario', KVM enviará un comando desde una PC directamente al servidor.

Capítulo 13

Comparación Entre los Exámenes CCNA 200-125 y 200-301

Poseer una certificación que es reconocida como credencial más demandada a nivel mundial por sí sola es un honor. Del mismo modo, has obtenido mucha información perspicaz a través de estos capítulos que se centran en los distintos temas y secciones importantes que pueden ayudarte a superar el CCNA. Junto con las estrategias, también se te ha guiado en los diversos materiales de estudio y recursos a utilizar para una mejor preparación del examen.

Pero aun así, hay mucha confusión con respecto al antiguo examen CCNA 200-125 y el nuevo CCNA 200-301. Cisco ha introducido cambios en el examen CCNA y los cambios estaban destinados a dar un nuevo camino a la gente para obtener la certificación CCNA.

En el nuevo examen CCNA (200-301), Cisco ha combinado los anteriores dominios de nivel de asociado y por lo tanto, ahora sólo se necesita dar una sola prueba. Por ejemplo - todo lo relacionado con Routing y Switching, seguridad, opciones Inalámbricas, Centro de Datos, la Nube y otras áreas, se han fusionado en un solo examen.

Por lo tanto, no importa en qué tema que te estabas preparando antes, si tú entiendes los temas y cada sección que has cubierto en los capítulos anteriores CCNA, va a añadir valor en tu preparación. Pero aun así, si la confusión en CCNA 200-125 y CCNA 200-301 se ha convertido en un problema, entonces no te preocupes; este capítulo te proporcionará una visión clara de cómo entender ambos.

¿Sigue Siendo Importante el Examen Cisco 200-125?

Aunque el nuevo examen CCNA es un cambio de juego, debes saber que el antiguo examen Cisco 200-215 seguirá vivo en tu aprendizaje. Y esto se debe a que el nuevo CCNA 200-301 contiene temas similares a los que aprendiste en el CCNA 200-125 y todos los capítulos anteriores serán la columna vertebral de tu preparación en el nuevo examen CCNA.

Desde la tecnología WAN, las tecnologías de routing IPv4 e IPv6, la gestión de infraestructura, los fundamentos de redes, la seguridad y los servicios, todo lo que aprendas en CCNA routing y switching aportarán un valor significativo en el nuevo examen CCNA 200-301. Pero hay una diferencia entre ambos exámenes que debes conocer.

CCNA 200-125 Cubre

- Fundamentos de Redes - 15%

- Tecnologías de Routing - 23%

- Tecnologías de switching LAN - 21%

- Tecnologías WAN– 10%

- Seguridad de Infraestructura – 11%

- Servicios de Infraestructura – 10%

- Gestión de Infraestructura – 10%

Por otro lado, **CCNA 200-301** cubre

- Acceso a la Red – 20%

- Fundamentos de Redes – 20%

- Servicio IP – 10%

- Conectividad IP – 25%

- Fundamentos de Seguridad – 15%

- La nueva Automatización y Programabilidad – 10 %

Así pues, este será el nuevo patrón del examen CCNA 200-301. Aparte de esto, el patrón del examen también ha cambiado. En el anterior examen Cisco 200-125, tenías 90 minutos para responder las 60 o 70 preguntas. Pero, tras el ajuste harás un examen que contiene 102 preguntas, a las que tendrás que responder en 120 minutos.

Las preguntas puede ser de opción múltiple, de arrastrar y soltar, de Simlets, de. testlets, de llenar espacios en blanco o de simulación. Por lo tanto, todos esos 'temas' descritos en el capítulo anterior deben estar en tus practicas fundamentales. Estos temas potenciarán tu formación, ya que cubren en profundidad los detalles de cada sección.

Sin embargo, si has completado ICND1, entonces CCNA 200-301 no será difícil para ti. Sorprendentemente, casi el 80 por ciento del nuevo CCNA cubre el antiguo programa de estudios; por lo tanto, debes evitar el estrés innecesario, ya que no es tan difícil como estás suponiendo ahora.

También puedes visitar el sitio web oficial de Cisco para obtener más conocimientos sobre la adaptación. Además puedes tomar la ayuda de la práctica CCNA para tener una clara comprensión y la confianza en tu preparación.

Estas cosas concluyen que tanto el CCNA 200-301 como el CCNA 200-125 tienen temas similares, pero el último tema que debes conocer es el de Automatización y Programabilidad, uno nuevo. Además nunca has aprendido sobre él en el anterior examen 200-125.

Por lo tanto, lo discutiremos a fondo en el próximo capítulo, como las cosas importantes que aprenderás en 'Automatización y programabilidad', cómo te prepararás en este 'tema', etc.

Cómo Prepararse para el Examen CCNA de Automatización y Programabilidad CCNA

Aunque en el nuevo examen CCNA, la sección – Automatización y Programabilidad no sólo es nueva, sino que también es la sección más pequeña que puede proporcionarte un 10% de puntuación en el examen CCNA. Recuerda que no estamos hablando solo de la 'programabilidad' que has aprendido en los capítulos anteriores. Aun así, estamos hablando de la 'Automatización y Programabilidad' y en la versión CCNA, se convertirá en parte de tus conocimientos por primera vez.

Temas Cubiertos en Automatización y Programabilidad

En esta sección, se te presentarán los intrincados conceptos de los controladores y tendrás que prestar atención a las diferencias, principalmente las redes basadas en controladores y las redes tradicionales. Aparte de esto, tendrás que obtener la comprensión en Overlay, Fabric y Underlay, porque estas cosas se emplean en el uso de redes definidas por software. Del mismo modo, terminarás conociendo varias herramientas de gestión de la configuración y las API REST para decidir tu éxito.

Automatización y Programabilidad: Resumen del Tema

Antes de continuar con el tema, primero, se requiere que te familiarices con la programabilidad. También necesitas conocer los tres planos que hacen que la descripción de la programabilidad sea un poco más fácil de entender. A través de estos planos, puedes conocer mejor el funcionamiento de la programabilidad:

Los tres planos incluyen:

- Plano de Control

- Plano de Datos

- Plano de Gestión

Un rápido vistazo a los puntos incluidos en esta sección

- Un usuario puede automatizar fácilmente la tarea utilizando los datos creados por los controladores.

- Facilidad en la configuración y operación de los dispositivos con la introducción de nuevos modelos operativos que aseguran menos posibilidades de errores.

- El procesamiento analítico avanzado con la ayuda de los datos recogidos por el controlador revela el comportamiento preciso de la red.

- La implementación de nuevos proyectos se ha vuelto más rápida.

Redes Tradicionales Versus Redes Basadas en Controladores

Estos conceptos juegan un papel crucial cuando se pone en marcha la utilización del controlador.

El primero es la Interfaz Southbound, conocida como la interfaz que ayuda al controlador a ponerse en contacto con los dispositivos de la red.

El segundo es la Interfaz Northbound: A través de esta interfaz se accede al controlador y que soporta otras herramientas de registro/ reportes/ análisis para que los datos puedan ser fácilmente procesados.

Aparte de la interfaz, también hay que prestar atención a estos modelos fundamentales de Cisco, denominados-

- Wan definida por Software o (SDWAN)

- Acceso definido por Software (SDA)

- Infraestructura centrada en las aplicaciones (ACI)

No olvides las principales ventajas de una red basada en controladores

- La principal ventaja de la red basada en controladores es que aporta facilidad en la configuración de la red, que es mejor que una configuración por dispositivo.

- A través de las APIs northbound, la Automatización se hace posible.

- La red basada en el controlador también permite un funcionamiento y una configuración de los dispositivos sin problemas con la ayuda de las APIs southbound.

Además, ten en cuenta estos valiosos términos

1. **Underlay:** La red de dispositivos (infraestructura física por debajo de la red overlay) acompañada de los nodos de tejido permite una conectividad IP sin fisuras.

2. **Overlay:** Construido sobre Underlay, este mecanismo facilita la creación túneles VXLAN que aportan una transmisión de tráfico sin fisuras entre los puntos finales.

3. **Fabric:** Es la combinación de Overlay y Underlay.

Gestión de Dispositivos Tradicionales Versus Gestión de Dispositivos Cisco DNA

En esta sección aprenderás sobre la arquitectura SDA de Cisco junto con sus diferentes componentes. Si hablamos del dispositivo relacionado con la red underlay, entonces están destinados a los siguientes propósitos -

1. **Nodo de control Fabric**: Para la red underlay, el nodo de control Fabric actúa sobre las funciones del plano de control.

2. **Nodo de frontera Fabric:** Cuando hay necesidad de conectar el fabric con el mundo exterior, se utiliza un nodo de frontera fabric.

3. **Nodo de borde Fabric**: Es solo un dispositivo vinculado con los puntos finales.

Después de pasar por estos conceptos, tú descubrirás acerca de la red Overlay y para esto, debes familiarizarte con los siguientes conceptos -

- Plano de datos en el de que deberías conocer

- Encapsulación VXLAN

- Túnel VXLAN

- Plano de Control

- Lisp

De igual forma, tu comprensión del papel del centro de DNA también será un concepto valioso que debes conocer. El rol principal incluye -

1. Plataforma de gestión de los dispositivos de red (basada tradicionalmente)

2. Controladores en una red que hace uso de Cisco SDA

Aunque si no se tienen en cuenta las diferencias, no se entenderán la mayoría de los conceptos, igualmente, se debe conocer la diferencia de ambos conceptos. Para ello, cubrirás los siguientes puntos:

- Path Trace

- EasyQos

- Análisis de tráfico encriptado

- Cliente 360 y Dispositivo 360

- y Viaje en el tiempo de la red

APIs Basadas en REST

En esta sección, aprenderás todo sobre la API, JSON y REST. Asimismo, debes prestar atención a los principales atributos de las APIs REST y los siguientes atributos son algunos de los puntos más valiosos que debes tener en consideración -

- Operación sin estados

- Arquitectura cliente-servidor

- Capacidad de caché

Sin embargo, en REST, puedes enfrentar dificultades en algunos pasos, por lo que es preferible para aumentar tu familiaridad en las numerosas variables, como el diccionario, la lista y simple.

En el examen CCNA, HTTP aporta un papel importante en torno a las API basadas en REST. Pero esta sección no va a consumir un tiempo extenso, ya que los principios de HTTP son algo similar a los atributos de la mencionada REST.

Además, algunos nombres REST pueden crearte problemas y por eso debes centrarte principalmente en entenderlos profundizando en lo que son. Estos incluyen -

1. **GET u OBTENER**: Funciona para la lectura de valores Variables

2. **PUT o PONER**: Construye estructuras de Variables y Datos exclusivos

3. **POST o PUBLICAR**: Trabaja para reemplazar o actualizar el valor de las variables

4. **DELETE O ELIMINAR**: Borra las variables

Después de conocer en detalle el nombre de cada verbo, te encontrarás con los componentes del Identificador Uniforme de Recursos (abreviado como URI) que son esenciales para el aprendizaje, deberías saber: Consulta, Nombre de host, Ruta y Protocolo.

Aunque JSON es el único concepto entre todos los lenguajes de serialización de datos que aparecerán en el examen CCNA, debes estar bien preparado en él. Por otro lado, tu comprensión de YAML y XML será un punto a favor. Del mismo modo, si te centras más en JSON, no te olvides de leer entre líneas sobre los objetos, los pares de valores y las matrices, la forma que siguen para interactuar ente sí, etc. Debes saberlo todo.

Herramientas de Gestión de Configuración

En esta sección, hablaremos principalmente de Chef, Ansible y Puppet, recuerda, esta sección incluye todo sobre las herramientas de gestión de la configuración que son más popularmente utilizadas. Aunque, todas ellas son Paquetes de Software y debes conocer los términos específicos de cada una, como por ejemplo -

- Modelo Push o Pull

- El archivo que lista las Acciones

- Modelos de Agente o Sin Agente

- El Protocolo que ayuda al dispositivo de red

ANSIBLE

Debes saber que ANSIBLE trabaja sobre una arquitectura sin agente, lo que implica que el usuario no tiene necesidad de instalar ningún sistema en el dispositivo gestionado, especialmente. ANSIBLE utiliza un modelo push y el modo de interacción entre los dispositivos y ANSIBLE tiene lugar a través de netconf/ssh. Echemos un vistazo a los principales archivos utilizados por Ansible.

- Inventario

- Plantillas

- Libros de Jugadas

- Variables

PUPPET

Puppet actúa sobre el modelo pull y debes recordar que soporta tanto la arquitectura sin agentes como la arquitectura basada en agentes. Si hablamos de los principales archivos que Puppet utiliza junto con otros numerosos componentes, estos son principalmente -

- Plantilla

- Manifiesto

- Recursos, clases y Módulos

Sin embargo, también debes conocer el punto de distinción entre el lenguaje declarativo y el lenguaje imperativo, ya que uno utiliza Puppet. En cambio, los otros usos de Ansible y estas cosas pueden confundirte fácilmente.

CHEF

La comprensión de las diferencias es una necesidad en casi todas las secciones de los temas de CCNA, donde se requiere. Además, se te pedirá que compares y contrastes entre varios modos de despliegue. Principalmente sobre Chef Zero y Cliente-servidor.

Echa un vistazo a los archivos utilizados por Puppet junto con muchos otros componentes.

- Recetas

- Recetarios

- Recursos

- Lista de Ejecución

Nota: Chef utiliza un modelo pull y una arquitectura de agentes, que también es un punto notable en Puppet.

Así que, ahora estás listo para incluir este nuevo tema en tu lista de preparación. La automatización y la programabilidad son un nuevo concepto que puede parecer difícil porque la mayoría de las cosas están relacionadas con las últimas tecnologías. Pero aun así, si te has fijado, descubrirás que los conceptos están algo relacionados con los fundamentos tradicionales de CCNA R&S. Por lo tanto, no es esencial una comprensión tan detallada de este tema. Aun así, JSON, REST y la gestión de la configuración incluye algunos puntos interesantes que debes cubrir. El conocimiento del centro de DNA, los componentes, los planos de datos y el control son algunos de los parámetros cruciales a los que debes prestar atención.

La sección es bastante sencilla y no exige un gran esfuerzo para aprender los conceptos. Para los ingenieros de redes, es un concepto notable que deben conocer. Día a día, las redes son cada vez más grandes y eso significa que la complejidad también aumenta.

Por lo tanto, debes conocer la 'automatización y programabilidad' porque es parte de la necesidad de la red actual y es parte del trabajo del ingeniero de redes.

Capítulo 14

PERSPECTIVA LABORAL: Áreas donde la Certificación CCNA Te Apoya

La demanda de la certificación CCNA, especialmente en el sector de IT, es bastante notable. Con el paso del tiempo, la certificación ha establecido un estándar industrial icónico a escala global. No se trata solo de CCNA, sino que la certificación Cisco es valiosa y también añade valor a la vida de un triunfador. Los profesionales que busquen empleo y estén dispuestos a trabajar y crecer en el campo de las redes deberían, sin duda obtener esta certificación. A través de la certificación, un alumno establece una base sólida de conocimiento técnico en su vida en la industria de las redes.

En esta competitiva profesión, la certificación te mantiene un paso por delante, ya que te ayuda a satisfacer las variadas demanda de la industria. Por ejemplo, si echas un vistazo al sector de IT, seguramente llegarás a la conclusión de que es el campo más desafiante y altamente exigente. Mucha gente trabaja duro para tener éxito en este campo. Pero el sector de IT exige profesionales y la certificación CCNA te prepara para ello. Como profesional de las redes, mejora tus conocimientos y te convierte en una persona capacitada para saber cómo afrontar las tareas. Te ayuda a construir una carrera gratificante y es algo por lo que la gente pasa toda su vida para conseguirlo.

Del mismo modo, si tienes estas credenciales, te esperan abundantes oportunidades de trabajo y las empresas harán cola para contratarte. No es de extrañar que debas revisar las siguientes oportunidades de trabajo que te promete la certificación CCNA.

Ingeniero de Redes

Como ingeniero de redes, serás responsable de configurar y mantener la red en una organización. Sin embargo, cuando se trata de tareas, hay muchas funciones que, como ingeniero de redes, llevarás a cabo. Serás responsable del manejo de las redes de la organización, es allí donde tus técnicas y habilidades te servirán de apoyo a tu función para que todo funcione sin problemas. Aunque, en términos de salario, al ser uno de los trabajos de mayor valor, en promedio, los ingenieros de redes ganan alrededor de 148,000 dólares. Esto es sólo una medida de las personas con certificación CCNA, ya que el salario de un Ingeniero de Redes cualificado también puede ser alto, en función de la empresa.

Administrador de Red

La mayoría de las personas se dirigen erróneamente al administrador de red como al administrador del sistema. Pero hay que saber que ambos tienen funciones laborales diferentes. Si se habla únicamente de Administrador de Redes, entonces tendrás que ser responsable de toda la instalación de sistemas de intranet, LAN/WAN, etc. Tendrás que ser más responsable en esas funciones laborales y cuando se te pida, darás soporte. Aparte de esto, como administrador de redes, también te ocuparás de cuestiones relacionadas con el hardware y el software.

Puede ser cualquier tarea requerida en la gestión de redes y la certificación CCNA te prepara para ello. Las empresas nunca se demorarán en contratarte y podrás conseguir fácilmente un paquete salarial medio de entre 33,000 y 100,000 dólares.

Ingeniero de Soporte Técnico

Un ingeniero de soporte técnico se encarga de los problemas técnicos de una organización. Para desempeñar el papel de ingeniero de soporte técnico con éxito, la certificación CCNA te proporciona una amplia comprensión de la solución de problemas. Del mismo modo, se adquiere maestría para proporcionar el mejor soporte técnico y esto es lo que las organizaciones quieren en sus profesionales. Si además tienes una credencial CCNA, no te extrañe, que puedas conseguir fácilmente una atractiva oferta salarial, que puede ir desde los 30,ooo dólares hasta los 102,000 dólares. Dado que, durante tu preparación como CCNA, obtienes una gran visión del acceso remoto, que se considera uno de los grandes métodos para resolver los problemas técnicos del mundo moderno, las empresas estarán dispuestas a pagarte un buen salario.

Ingeniero de Sistemas

Para conseguir este puesto, debes dominar el tema más esencial de CCNA - Routing y Switching. En el sector de IT, el 'papel de Ingeniero de Sistemas' es bastante notable, ya que los ingenieros de sistemas experimentados y capacitados poseen habilidades profesionales completas en material de redes que les animan a llevar a cabo fácilmente la intrincada tarea. Por ejemplo, desde el mantenimiento de los sistemas hasta la 'instalación de sistemas', manejan cada tarea maravillosamente porque las credenciales como CCNA dan una nueva vida a sus habilidades. Si quieres convertirte en ingeniero de sistemas, trabajarás con desarrolladores, te ocuparás de la seguridad y las copias de seguridad y te encargarás de diversos asuntos. Para llevar todas estas responsabilidades con eficacia, tendrás que aprender muchas cosas en la gestión de redes y las redes de Cisco te proporcionan un camino para ello. En promedio, si hablamos de salario, entonces como Ingeniero de Sistemas, puedes ganar fácilmente 105,326 dólares.

Asociado de Seguridad de Redes

Ser un asociado de seguridad de redes es un trabajo de alto perfil que tiene una gran demanda en la industria. Un asociado de seguridad de redes tiene la responsabilidad de varias tareas importantes y su preparación CCNA en Routing y switching te ayuda a decidir si eres el adecuado para este puesto de trabajo o no. Aunque serás parte de la seguridad de la red, que es la necesidad más imperante de la industria actual debido a las crecientes amenazas de la red. Por lo tanto, la certificación de Cisco te proporciona un profundo conocimiento en cuanto a las diversas 'dinámicas de seguridad' en una compañía.

Te identificarás con varios riesgos de seguridad y junto con eso estarás considerando la migración y la evaluación de los riesgos. Si hablamos de las habilidades necesarias para convertirte en un exitoso asociado de seguridad de la red, entonces CCNA debe prestar especial atención a la configuración de cortafuegos, varias tecnologías más recientes, Routing, switching, etc. Adquiriendo amplios conocimientos sobre los fundamentos de IPS/IDS será un punto a favor, ya que te ayudará en tu carrera de seguridad de redes. Además, en lo que respecta al salario, sobre una base anual, los asociados de seguridad de redes ganan fácilmente 63,450 dólares por un trabajo en particular.

Ingeniero de Datos de Redes

Hay muchas ventajas de obtener la credencial líder de la industria-CCNA, porque no hay límite de puestos de trabajo. Del mismo modo, si te fijas en los ingenieros de datos de red, las industrias están dispuestas a pagarte una cantidad elevada porque es un trabajo importante y uno de los más demandados. Siendo Ingeniero de Datos de Redes, entregarás informes en tiempo real, te encargarás de la solución de problemas, de los routers y de los switches. Sin embargo, como Ingeniero de Datos de Redes, realizarás muchas tareas, por lo que este perfil de trabajo suele ser muy demandado en sector de IT.

Dado que la certificación CCNA te proporciona una gran visión sobre el manejo de las redes y el mantenimiento adecuado, automáticamente añade valor a tu currículo y conseguirás el trabajo que deseas. La certificación CCNA implica que se adquieren conocimientos sobre las tecnologías WAN/LAN, los sistemas de switch ATM, los Servidores y todas estas son las cosas valiosas que se necesitan para desempeñar el papel de ingeniero de datos de redes con eficacia. Un Ingeniero de Datos de redes cualificado puede obtener fácilmente 127,600 dólares por año, lo que atrae fácilmente la atención de los estudiantes para que se dediquen a esta carrera.

Técnico de Campo de Redes

También puedes convertirte en un Técnico de Campo de Redes para llevar a cabo las tareas técnicas; es posible que tengas que viajar de un lugar a otro. Por ejemplo, como técnico de campo de redes desempeñarás varias funciones, tales como, el mantenimiento, la instalación y la solución de problemas de tecnologías como LAN/WAN. Pero para llegar a ser un maestro en este campo, deberás tener una buena capacidad de solución de problemas. En la mayoría de los casos, también se requieren tus habilidades interpersonales para manejarte y entrar correctamente en este puesto de trabajo. Durante el trabajo, es posible que tengas que interactuar con los clientes directamente. Del mismo modo, si tienes todas estas habilidades y conocimientos básicos de redes y certificación, puedes esperar fácilmente un salario anual de unos 50,000 dólares como Técnico de Campo de Redes.

Analista de Seguridad de Redes

En una organización, como Analista de Seguridad de Redes, tu principal responsabilidad será averiguar los problemas de seguridad y probabilidad de que se produzcan infracciones. Desde la planificación hasta la aplicación de medidas de seguridad, te ocuparás de todas estas importantes tareas siendo analista de seguridad de redes. En resumen, te centrarás en las redes de IT y te ocuparás de ellas. Al igual que los demás trabajos, ser analista de seguridad de redes es como formar parte de una gran carrera en la que tienes una atractiva oportunidad de crecer. Del mismo modo, si tienes una certificación CCNA en tus manos, entonces no es de extrañar que puedes esperar fácilmente un salario alrededor de 91,000 dólares por año.

¿Por Qué Obtener la Certificación CCNA?

La industria moderna es testigo de que el futuro pertenece a la tecnología; en todas partes, la red es el día a día, la difusión de sus raíces y la construcción de un montón de oportunidades de carrera para los profesionales a crecer. En todos estos capítulos, habrás adquirido amplios conocimientos sobre diversos conceptos básicos, secciones y temas, describiendo la dinámica de las redes y las innumerables caras de las tecnologías.

Cómo es y cómo debes prepararte para la certificación CCNA, reconocida a nivel mundial; obtuviste ideas únicas al deslizarte por cada línea que te acerca a la victoria. No hay ninguna credencial mejor que CCNA cuando se trata de brillar en el sector de IT. Sin embargo, lo mejor de la certificación CCNA es que, junto a las habilidades para ejecutar diversas tareas de redes, también aprendes más sobre las amenazas, las brechas y los diversos problemas que prosperan en el mundo de Internet.

La tecnología emerge día a día a un ritmo acelerado, pero eso no significa que el mundo solo esté cosechando los beneficios de este inmenso regalo de los expertos técnicos. Por un lado, efectivamente, las industrias están disfrutando cada vez más de las ventajas de la red, pero también hay otra cara, en la que se enfrentan a un montón de problemas técnicos en evolución.

La formación de Cisco te ayuda a aprender a superarlo. Por lo tanto, este es el punto notable que hace que la credencial de Cisco sea una de las mejores cosas para ganar si realmente deseas convertirte en una persona de éxito en la vida. Dado que la certificación CCNA consiste en todo lo que fomenta el crecimiento de la industria con una solución dinámica y promete una gran carrera a la persona que busca un trabajo o aspira a un inmenso crecimiento en la vida, por lo que no es de extrañar que también debas pensar en la preparación CCNA. ¡Debes comenzar tu viaje desde ahora mismo! Compra el material de estudio y has todo lo que te proporcione un mejor resultado para pasar el examen CCNA.

Conclusión

Con la ayuda de las estrategias simples y efectivas mencionadas en este libro, puedes dominar fácilmente la certificación CCNA. Una cosa que vale la pena señalar es que CCNA no es difícil de dominar si sigues el enfoque correcto y te das el tiempo suficiente para la preparación. Trata de obtener la experiencia práctica y programar los exámenes de práctica regularmente una vez a la semana.

Después de leer este libro, comienza tu verdadero viaje. Desde los fundamentos de redes, las tecnologías LAN/WAN, las tecnologías de Routing, la seguridad de infraestructura, los servicios de infraestructura, la gestión de infraestructura, la automatización y la programabilidad, la 'intención principal' de todos estos capítulos era proporcionarte una visión profunda de la preparación de CCNA.

Utiliza siempre el mejor material de estudio que esté actualizado y se centre en los temas más recientes de CCNA. Mantén tu mente relajada y no te estreses demasiado. Intenta repasar las preguntas importantes formuladas en los exámenes CCNA anteriores y domínalas para responderlas rápidamente. Utiliza los exámenes modelos para mejorar tu aprendizaje día a día. Mira los cursos de video disponibles en Internet para identificar las áreas clave del examen CCNA. Céntrate en los fundamentos de las redes con un enfoque detallado de las distintas capas del modelo OSI. Las topologías de red y los recursos en la nube son fáciles de aprender, así que asegúrate de repasarlos y comprender los puntos clave.

Debes conocer bien la verificación, la configuración y la solución de problemas de las distintas técnicas utilizadas en las redes. Están relacionadas con los protocolos, las VLAN, las tablas de Routing, IPv4, IPv6 y la tecnología WAN. Las operaciones de DHCP y DNS son módulos importantes para la certificación CCNA. Debes conocer muy bien el patrón del examen y centrarte en los temas principales que te ayudarán a obtener una alta puntuación en la certificación CCNA.

Por último, crea un plan de estudio y síguelo hasta el último día de tu certificación para que hayas cubierto todo antes de presentarte a la certificación CCNA. Esperamos que apruebes la certificación CCNA con éxito.